BULLETIN OFFICIEL DU MINISTÈRE DE LA GUERRE.

ÉDITION MÉTHODIQUE.

RECRUTEMENT DE L'ARMÉE

ENGAGEMENTS, RENGAGEMENTS COMMISSIONS

Volume arrêté à la date du 20 mars 1929

CHARLES-LAVAUZELLE & Cie
Editeurs militaires
PARIS, Boulevard Saint-Germain, 124
LIMOGES, 62, Avenue Baudin | 53, Rue Stanislas, NANCY

1929

N° 68[5].

BULLETIN OFFICIEL
DU MINISTÈRE DE LA GUERRE.

ÉDITION MÉTHODIQUE.

RECRUTEMENT DE L'ARMÉE

ENGAGEMENTS, RENGAGEMENTS COMMISSIONS

Volume arrêté à la date du 20 mars 1929.

CHARLES-LAVAUZELLE & Cie
Editeurs militaires
PARIS, Boulevard Saint-Germain, 124

LIMOGES, 62, Avenue Baudin | 53, Rue Stanislas, NANCY

1929

DOCUMENTS ABROGÉS.

PREMIÈRE PARTIE. — *Engagements.*

Décret du 27 juin 1905 (vol. 68^{5}), modifié le 27 avril 1912 (vol. 68^{5}, suppl., p. 9). — Instruction du 7 février 1911 (vol. 68^{5}, p. 25) et les modifications à cette instruction en date du 25 janvier 1912 (vol. 68^{5}, suppl., p. 6); 15 septembre 1912 (vol. 68^{5}, suppl., p. 10); 5 février 1913 (*B. O.*, p. 126); 25 février 1913 (*B. O.*, p. 247); 31 mai 1913 (*B. O.*, p. 641). — Circulaire du 25 mai 1923 (*B. O.*, p. 1486). — Décret du 12 avril 1924 (*B. O.*, p. 1167). — Circulaire du 31 octobre 1924 (*B. O.*, p. 2999). — Décret du 18 décembre 1925 (*B. O.*, p. 3528). — Circulaire du 27 août 1927 (*B. O.*, p. 2091). — Décret du 12 janvier 1928 (*B. O.*, p. 352). — Circulaire du 10 février 1928 (*B. O.*, p. 600).

DEUXIÈME PARTIE. — *Rengagements.*

Décret du 8 février 1907 (vol. 68^{5}, p. 90). — Instruction du 8 février 1911 vol. 68^{5}, p. 95) et les modifications à cette instruction en date des 25 janvier 1912 (vol. 68^{5}, suppl., p. 7); 7 février 1912 (vol. 68^{5}, suppl., p. 8); 15 septembre 1912 (vol. 68^{5}, suppl., p. 10); 25 février 1913 (*B. O.*, p. 247); 31 mai 1913 (B. O., p. 641). — Instruction du 17 octobre 1913 (*B. O.*, 1914, p. 457). — Circulaire du 21 novembre 1923 (*B. O.*, p. 3552). — Circulaire du 28 février 1927 (*B. O.*, p. 430), modifiée par *erratum* (*B. O.*, p. 975). — Circulaire du 7 octobre 1927 (*B. O.*, p. 2325). — Circulaire du 12 octobre 1927 (*B. O.*, p. 2350). — Circulaire du 10 février 1928 (*B. O.*, p. 602).

TROISIÈME PARTIE. — *Commissions.*

Décret du 6 juillet 1907 (vol. 65^{5}, p. 141). — Instruction du 9 février 1911 (vol. 68^{5}, p. 144) et les modifications à cette instruction en date des 25 janvier 1912 (vol. 68^{5}, suppl., p. 8); 15 septembre 1912 (vol. 68^{5}, suppl., p. 11); 1er novembre 1912 (vol. 68^{5}, suppl., p. 12); 8 mars 1913 (*B. O.*, p. 238); 31 mai 1913 (*B. O.*, p. 641). — Décret du 12 janvier 1914 (*B. O.*, p. 69).

NOTA.

Afin de maintenir l'homogénéité de la réglementation, la Direction de l'Infanterie (Bureau du Recrutement et de l'Administration des hommes de troupe dans leurs foyers) est chargée de centraliser et de coordonner toutes les modifications à faire au volume n° 68[5] de l'édition méthodique.

A cet effet, après avoir été étudiées par le service compétent, de concert avec les directions intéressées, les modifications à y introduire sont adressées à la Direction de l'Infanterie, qui les fait paraître sous son timbre.

Le *titre* mentionne, après ce timbre, celui des directions qui y ont collaboré (art. 2 de l'instruction du 2 octobre 1905) et il est suivi, afin de faciliter aux détenteurs la tenue à jour des instructions, de l'indication (Rectificatif n°...).

BULLETIN OFFICIEL
DU MINISTÈRE DE LA GUERRE.

ÉDITION MÉTHODIQUE.

RECRUTEMENT DE L'ARMÉE

PREMIÈRE PARTIE
Engagements volontaires (1)

TITRE PREMIER.
Dispositions relatives aux engagements dans l'armée métropolitaine.

DISPOSITIONS GÉNÉRALES.

Décret relatif à l'engagement volontaire des élèves des écoles militaires préparatoires.

Paris, le 25 mai 1891.

Le Président de la République française,
Vu la loi du 19 juillet 1884 ;
Vu le décret du 3 mars 1885 ;

(1) Les dispositions concernant les troupes coloniales en matière d'engagements (corps de troupe européens, mixtes et indigènes) sont contenues dans le volume n° 2, É. M., spécial aux troupes coloniales.

Vu l'article 59 de la loi du 15 juillet 1889 (1);
Vu le décret du 28 septembre 1889 (2);
Sur le rapport du Président du Conseil, Ministre de la guerre,

Décrète :

Art. 1er. Les élèves des écoles militaires préparatoires se présentent, à l'âge minimum fixé par la loi sur le recrutement de l'armée pour l'admission des engagés volontaires, devant le commandant de l'école. Cet officier, après s'être assuré, avec l'assistance du médecin militaire attaché à l'établissement, qu'ils réunissent les conditions exigées pour servir dans le corps où ils désirent entrer, leur délivre un certificat d'aptitude.

Si ces jeunes gens atteignent l'âge de 18 ans pendant la durée des vacances ou dans le cours d'un congé, le certificat d'aptitude peut leur être délivré par le commandant d'un bureau de recrutement ou par un chef de corps, dans les conditions déterminées par l'article 5 du décret du 28 septembre 1889 (3).

Art. 2. Le Président du Conseil, Ministre de la guerre, est chargé de l'exécution du présent décret.

Décret relatif aux engagements dans les troupes métropolitaines.

Paris, le 11 avril 1928.

RAPPORT AU PRÉSIDENT DE LA RÉPUBLIQUE FRANÇAISE.

Monsieur le Président,

Le projet du décret ci-joint soumis à votre approbation a été établi en conformité des dispositions contenues dans les articles 61 à 66 et 105 de la loi du 31 mars 1928 sur le recrutement de l'armée.

Il a pour but de déterminer les conditions relatives soit à l'aptitude physique et à l'admissibilité dans les différents corps de

(1) Remplacé par l'article 61 de la loi du 31 mars 1928.
(2) Remplacé par le décret du 11 avril 1928.
(3) Remplacé par l'article 4 du décret du 11 avril 1928.

l'armée, soit à l'époque de l'année où les engagements peuvent être contractés, soit au nombre maximum d'engagements à recevoir chaque année dans les différents corps de troupe, soit, enfin, aux modalités suivant lesquelles sont reçus ces engagements.

Si vous approuvez les termes de ce projet, j'ai l'honneur de vous prier de vouloir bien le revêtir de votre signature.

Veuillez agréer, Monsieur le Président, l'hommage de mon respectueux dévouement.

Le Ministre de la guerre,
Paul PAINLEVÉ.

DÉCRET.

Le Président de la République française,

Vu la loi du 31 mars 1928 sur le recrutement de l'armée, et notamment les articles 61, 62, 63, 64, 65, 66 et 105 relatifs aux engagements dans les troupes métropolitaines;

Sur le rapport du Ministre de la guerre,

Décrète :

Article 1er. Tout homme qui demande à contracter un engagement doit être sain, robuste, bien constitué et satisfaire aux conditions de taille et d'aptitude physique exigées pour servir dans le corps de son choix.

Toutefois, les jeunes gens classés dans le service auxiliaire, par le conseil de revision, peuvent contracter un engagement pour tenir des emplois déterminés, dont la liste est fixée par une instruction ministérielle; si, après leur incorporation, ils sont classés dans le service armé, ils terminent leur engagement dans ce service.

Article 2. Les engagements sont reçus, à toute époque de l'année, sous réserve des restrictions prévues à l'article 13 ci-après.

Toutefois, ils peuvent être suspendus par le Ministre de la guerre et dans la mesure qu'il jugera nécessaire.

Jusqu'à ce que soit réalisée la réduction à un an de la durée légale du service actif, la durée des engagements prévue :

a) Au premier alinéa de l'article 62 de la loi est fixée à deux, trois, quatre et cinq ans;

b) Au premier alinéa de l'article 63 est fixée à dix-huit mois;

c) Au deuxième alinéa de l'article 63 est fixée à deux ans.

Les engagements visés à l'alinéa *a*) ci-dessus sont acceptés sans limitation de nombre pour les armes autres que le train et suivant un pourcentage fixé par l'instruction prévue à l'article 3 ci-après pour les services et le train des équipages militaires.

Article 3. L'engagé indique le corps dans lequel il désire servir. Une instruction détermine la liste des corps et services pouvant recevoir des engagés ainsi que les cas dans lesquels le consentement du chef de corps est nécessaire.

Article 4. Le jeune homme qui désire souscrire l'un des engagements prévus à l'alinéa *a*) de l'article 2 ci-dessus se présente : soit devant le commandant d'un bureau de recrutement, soit devant un chef de corps ou de détachement. Un médecin militaire, ou, à défaut, un médecin civil désigné par l'autorité militaire, procède à l'examen de l'aptitude physique de chaque candidat à l'engagement, dans les conditions prévues par l'instruction du 30 janvier 1925. Le candidat reçoit, le cas échéant, un certificat d'aptitude physique du modèle annexé au présent décret, ce certificat n'est valable que pendant quarante-huit heures.

Pour un jeune homme classé dans le service auxiliaire, par le conseil de revision, le certificat d'aptitude physique doit mentionner que l'intéressé est « apte au service auxiliaire » (avant-dernier alinéa de l'article 61 de la loi de recrutement).

Article 5. L'autorité chargée de la constitution du dossier réclame l'extrait du casier judiciaire au parquet du lieu de naissance du candidat et exige de ce dernier la production d'un bulletin de naissance, délivré sans frais, et, s'il y a lieu, du consentement prévu à l'article 61 (alinéa numéroté 5°) de la loi de recrutement.

Si le casier judiciaire relate l'une des condamnations visées aux articles 4 et 5 de la loi, l'intéressé n'est pas admis à l'engagement. Toutefois, s'il a été condamné avec sursis (loi du 26 mars 1891), il peut s'engager au titre d'un corps du service général, sauf dans le cas où il aurait été condamné pour avoir fait métier de souteneur.

Muni de ces pièces ainsi que du certificat d'aptitude physique et, le cas échéant, de l'autorisation prévue à l'article 3 du présent décret, le contractant est présenté par les soins de l'autorité qui a constitué le dossier : dans la métropole, en Algérie, aux colonies, dans les pays de protectorat, territoires à mandat, territoires occupés, devant un intendant militaire ou devant l'officier qui le supplée.

Article 6. L'intendant militaire ou l'officier qui le supplée constate l'identité du contractant et lui fait déclarer :

1° Qu'il n'est pas marié;

2° Qu'il n'est lié au service des armées de terre et de mer, ni dans l'armée active, ni dans les réserves, ni comme inscrit maritime.

Cette déclaration est insérée dans l'acte d'engagement.

Avant la signature de l'acte, il est donné lecture au candidat :

1° Des alinéas numérotés 1°, 2°, 3°, 4° et 5° de l'article 61 de la loi;

2° De l'article 90;

3° du 4e alinéa de l'article 62;

4° De l'acte d'engagement.

Les certificats et les autres pièces produites par l'engagé restent annexés à la minute de l'acte.

L'acte est établi en trois expéditions, la première est adressée, le jour même, au commandant du bureau de recrutement dans la circonscription de qui l'acte a été souscrit, la seconde est remise à l'intéressé, la troisième constitue la minute conservée par l'autorité qui a reçu l'engagement.

Article 7. Le candidat désireux d'être incorporé avant que son dossier ne soit complété par l'extrait de son casier judiciaire et qui déclare, par écrit, qu'il n'a pas encouru l'une des condamnations visées aux articles 4 et 5 de la loi, peut être admis à contracter, pour la durée fixée à l'alinéa *a*) de l'article 2 du présent décret, *un engagement provisoire*. Il est alors considéré comme lié au service pour la durée de son contrat, mais l'engagement ne devient définitif et ne comporte d'effets rétroactifs que lorsque l'intéressé est reconnu comme satisfaisant à toutes les conditions requises.

L'extrait du casier judiciaire est transmis, dès réception, l'autorité qui a reçu le contrat; celle-ci, tenant compte des dispositions de l'article 5 du présent décret complète l'acte d'engagement provisoire par l'une des mentions suivantes qu'elle certifie : « Contrat ratifié le..... », ou : « Contrat annulé le.. .. »

Elle en informe, aussitôt, le chef de corps et le commandant du bureau de recrutement intéressé qui complètent, dans l'un des sens indiqués ci-dessus, l'expédition de l'acte et les pièces matricules de l'engagé.

Cette formalité doit être remplie avant l'expiration du troisième mois de présence effective de l'engagé à son corps ou service.

Dans le cas où l'intéressé n'est pas reconnu comme satisfaisant à toutes les conditions requises, et dès ce moment, son engagement provisoire est annulé.

L'engagement provisoire est reçu dans les conditions prévues à l'article 6 ci-dessus.

Aucun engagement provisoire ne peut être souscrit au titre des corps pour lesquels est nécessaire l'autorisation prévue à l'article 3 du présent décret.

Article 8. Peuvent être admis à s'engager pour la durée prévue à l'alinéa *a*) de l'article 2 du présent décret :

1° Les jeunes gens titulaires d'un sursis d'incorporation qui renoncent au bénéfice de ce sursis;

2° Les jeunes gens omis sur les tableaux de recensement;

3° Les ajournés et les exemptés (ces derniers jusqu'à l'âge de 32 ans accomplis) sous réserve que leur aptitude physique soit constatée par une commission de réforme.

Les jeunes gens compris dans ces trois catégories doivent justifier de leur situation par des documents officiels.

Article 9. A l'expiration de leur contrat, les jeunes gens visés à l'article précédent suivront, dans les réserves, le sort de leur classe d'âge, compte tenu, toutefois, le cas échéant, des dispositions spéciales prévues à l'article 58 de la loi.

Article 10. Les jeunes gens inscrits, par le conseil de revision, dans les première et deuxième parties de la liste de recrutement cantonal peuvent, jusqu'à la veille incluse de la date légale de l'incorporation de la fraction de classe dont ils font partie, contracter l'un des engagements prévus à l'alinéa *a*) de l'article 2 du présent décret.

Article 11. Les jeunes gens désireux de contracter l'engagement spécial, dit de devancement d'appel d'une durée égale au temps du service actif, prévu par l'article 63 de la loi, doivent produire, outre les pièces exigées des candidats à l'engagement, soit le brevet de préparation militaire élémentaire, soit le brevet de préparation militaire supérieure, soit le brevet militaire de pilote d'avion, soit le certificat d'aptitude à l'emploi de mécanicien militaire d'aéronautique.

Sont également admis à contracter cet engagement, sans être tenus de posséder le brevet de préparation militaire élémentaire, les jeunes gens qui, n'ayant pas satisfait aux épreuves d'obtention du brevet de préparation militaire supérieure, ont, néanmoins, obtenu, à ces examens, une moyenne suffisante fixée, chaque année, par le Ministre.

Les jeunes gens mariés, ainsi que ceux qui sont classés dans le service auxiliaire, par le conseil de révision, sont admis à contracter l'engagement par devancement d'appel. Par contre, les ajournés, exemptés, sursitaires, omis, n'ont pas la même faculté.

Article 12. Les candidats à l'engagement de devancement d'appel d'une durée de deux ans, avec faculté d'envoi en congé au bout de dix-huit mois, engagement prévu à l'alinéa c) de l'article 2 du présent décret, ne sont pas tenus de produire un brevet de préparation militaire. Ils remettent leur demande au commandant d'un bureau de recrutement.

Article 13. Les engagements par devancement d'appel visés aux articles 11 et 12 ci-dessus sont toujours contractés à titre définitif.

Une instruction ministérielle fixe les périodes de l'année au cours desquelles sont reçus ces engagements, détermine les autorités chargées de constituer les dossiers, les corps autorisés à recevoir des engagés par devancement d'appel, leur nombre par corps, les conditions dans lesquelles les candidats sont appelés à choisir leur corps, etc.

Article 14. Indépendamment d'une expédition de son contrat tout engagé reçoit de l'intendant militaire ou de l'officier qui le supplée une feuille de déplacement et un mandat de payement des indemnités de déplacement auxquelles il a droit.

Il se rend, directement, à la portion principale de son corps, où il est tenu de se présenter dans les délais fixés par sa feuille de déplacement.

Si l'engagé réside hors d'Europe et du bassin méditerranéen, il est dirigé sur son corps aussitôt après la signature de l'acte d'engagement.

Article 15. Tout Français, qui, en cas de guerre, demande à

contracter un engagement dans un corps du service général, pour la durée de la guerre, doit justifier :

1° Qu'il n'appartient pas à une classe mobilisée;

2° Qu'il est sain, robuste et en état de faire campagne;

3° Qu'il ne se trouve pas dans l'un des cas d'exclusion de l'armée, prévus par l'article 4 de la loi.

Une instruction ministérielle fixe les conditions dans lesquelles les exclus peuvent être admis à contracter cet engagement au titre des bataillons d'infanterie légère.

Article 16. L'engagé qui conteste la légalité ou la régularité de l'acte qui le lie au service militaire adresse sa réclamation, par la voie hiérarchique, au Ministre de la guerre, qui statue.

Article 17. Les différents actes d'engagement sont conformes aux modèles joints au présent décret.

Article 18. Toutes dispositions contraires à celles du présent décret sont abrogées.

Article 19. Le Ministre de la guerre est chargé de l'exécution du présent décret, qui sera publié au *Journal officiel* de la République française.

MODÈLES

e RÉGION.

Place d

N° du registre.

N° 1015
de la Nomenclature
générale.

Modèle n° 1.

Article 6 du décret
du 11 avril 1928.

ACTE D'ENGAGEMENT

du nommé (2)...
pour le (3)...

L'an mil neuf cent , le
à heures, s'est présenté devant nous (1)
M. (2) , âgé de
exerçant la profession de
domicilié à , canton de
département de , résidant à
canton de , département de
fils de et de
domiciliés à , canton de
département de

Cheveux :	Visage :
Yeux :	Renseignements physionomiques complémentaires......
Front :	Taille :
Nez :	Taille rectifiée :
	Marques particulières :

Lequel a déclaré vouloir s'engager pour servir dans le (3) ,
à cet effet il a déclaré :

1° Qu'il n'est pas marié;

2° Qu'il n'est lié au service ni dans l'armée active, ni dans la disponibilité, ni dans les réserves, ni comme inscrit maritime.

M. (2) , nous a présenté :

1° Un certificat délivré sous la date du par (4)
et constatant que M. (2) est apte au service (5) et qu'il réunit les conditions requises pour le (6) dans lequel il demande à servir;

2° Son bulletin de naissance constatant qu'il est né le (7) , à , canton de , département de ;

3° L'extrait de son casier judiciaire (bulletin n° 2);

4° (A)

(1) Nom de l'intendant militaire ou de l'officier suppléant, en ajoutant la localité où il est en fonctions.

(2) Nom et prénoms.

(3) Indiquer le corps choisi par l'engagé.

(4) Nom, grade et qualité de l'officier signataire du certificat.

(5) Armé ou auxiliaire.

(6) Désignation du corps, ce corps est indiqué par l'officier qui délivre le certificat d'après l'aptitude de l'engagé.

(7) Indication, en toutes lettres, du jour, du mois et de l'année de la naissance.

(A) Si l'engagé a moins de 20 ans, on indiquera sous ce numéro le consentement qu'il est tenu de produire conformément à la loi.

Nous (8) après avoir reconnu la régularité des pièces produites par M. (2) lui avons donné lecture :

1° Des paragraphes numérotés, 1°, 2°, 3°, 4° et 5° de l'article 61 de la loi du 31 mars 1928;

2° De l'article 90 de la même loi, lequel ordonne de poursuivre comme insoumis les engagés qui ne se rendent pas à leur destination dans les délais prescrits;

3° Du 4° alinéa de l'article 62 de la même loi, d'après lequel les engagés peuvent, dans l'intérêt du service, être changés de corps en temps de paix, de corps et d'arme en temps de guerre.

Après quoi nous avons reçu l'engagement de M. (2) , lequel a promis de servir avec honneur et fidélité pendant (9) ans, à partir de ce jour.

Lecture faite à M. (2) du présent acte, il a signé avec nous (10).

L'Engagé, *L'Intendant militaire,* ou *L'Officier suppléant,*

(8) Intendant militaire ou officier suppléant.

(9) Inscrire, suivant le cas, la durée de l'engagement.

(10) Si l'engagé ne peut signer, il sera fait mention de la cause qui l'en empêchera, conformément à l'article 39 du Code civil.

• RÉGION.

PLACE D

N° du registre.

N° 1016 de la Nomenclature générale.

MODÈLE N° 2.

Article 7 du décret du 11 avril 1928.

ACTE D'ENGAGEMENT PROVISOIRE.

du nommé (2)...
pour le (3)...

L'an mil neuf cent , le ,
à heures, s'est présenté devant nous (1)
M. (2) , âgé de
exerçant la profession de ,
domicilié à , canton de ,
département de , résidant à
canton de , département de ,
fils de et de ,
domiciliés à , canton de ,
département de .

Cheveux :	Visage :
Yeux :	Renseignements physionomiques complémentaires......
Front :	Taille :
Nez :	Taille rectifiée :
	Marques particulières :

Lequel a déclaré vouloir s'engager pour servir dans le (3) ,
à cet effet il a déclaré :

1° Qu'il n'est pas marié;

2° Qu'il n'est lié au service ni dans l'armée active, ni dans la disponibilité, ni dans les réserves, ni comme inscrit maritime.

M. (2) , nous a présenté :

1° Un certificat délivré sous la date du
par (4)
et constatant que M. (2) est apte au service (5) et qu'il réunit les conditions requises pour le (6)
dans lequel il demande à servir;

2° Son bulletin de naissance constatant qu'il est né le (7) , à , canton de , département de ;

3° (A)

(1) Nom de l'intendant militaire ou de l'officier suppléant, en ajoutant la localité où il est en fonctions.

(2) Nom et prénoms.

(3) Indiquer le corps choisi par l'engagé.

(4) Nom, grade et qualité de l'officier signataire du certificat.

(5) Armé ou auxiliaire.

(6) Désignation du corps, ce corps est indiqué par l'officier qui délivre le certificat d'après l'aptitude de l'engagé.

(7) Indication, en toutes lettres, du jour, du mois et de l'année de la naissance.

(A) Si l'engagé a moins de 20 ans, on indiquera sous ce numéro le consentement qu'il est tenu de produire conformément à la loi.

Nous (8) après avoir reconnu la régularité des pièces produites par M. (2) lui avons donné lecture :

1° Des paragraphes numérotés, 1°, 2°, 3°, 4° et 5° de l'article 61 de la loi du 31 mars 1928;

2° De l'article 90 de la même loi, lequel ordonne de poursuivre comme insoumis les engagés qui ne se rendent pas à leur destination dans les délais prescrits;

3° Du 4° alinéa de l'article 62 de la même loi, d'après lequel les engagés peuvent, dans l'intérêt du service, être changés de corps en temps de paix, de corps et d'arme en temps de guerre.

Nous l'avons, en outre, prévenu que ses services commenceront à dater de la signature par lui du présent contrat, mais que ce contrat ne sera rendu définitif et ne donnera lieu à payement de la prime d'engagement qu'après réception et vérification de l'extrait de son casier judiciaire (bulletin n° 2); la ratification ou l'annulation du présent contrat devant intervenir dans le délai maximum de trois mois à compter du jour de son arrivée au corps.

Après quoi nous avons reçu l'engagement de M. (2) , lequel a promis de servir avec honneur et fidélité pendant (9) ans, à partir de ce jour.

Lecture faite à M. (2) du présent acte, il a signé avec nous (10).

L'Engagé, *L'Intendant militaire,*
ou
L'Officier suppléant,

Contrat ratifié (ou résilié) le

L'Intendant militaire,
ou
L'Officier suppléant,

(8) Intendant militaire ou officier suppléant.

(9) Inscrire, suivant le cas, la durée de l'engagement.

(10) Si l'engagé ne peut signer, il sera fait mention de la cause qui l'en empêchera, conformément à l'article 39 du Code civil.

• RÉGION.

PLACE DE

N° du registre.

N° 1017 de la Nomenclature générale.

MODÈLE N° 3.

Article 11 du décret du 11 avril 1928

ACTE D'ENGAGEMENT SPÉCIAL

DIT DE DEVANCEMENT D'APPEL.

(Article 63 de la loi du 31 mars 1928.)

du nommé (2)...
pour le (3)...

L'an mil neuf cent , le , à heures, s'est présenté devant nous (1) M. (2) , âgé de , exerçant la profession de , domicilié à , canton de , département de , résidant à , canton de , département de , fils de et de , domiciliés à , canton de , département de .

Cheveux :	Visage :
Yeux :	Renseignements physionomiques complémentaires ......
Front :	Taille :
Nez :	Taille rectifiée :
	Marques particulières.

Lequel a déclaré vouloir s'engager dans le (3) , à cet effet il a déclaré : qu'il n'est lié au service ni dans l'armée active, ni dans la disponibilité ni dans les réserves, ni comme inscrit maritime.

M. (2) , nous a présenté :

1° Un certificat délivré sous la date du par (4) et constatant que M. (2) est apte au service (5) et qu'il réunit les conditions requises pour le (6) dans lequel il demande à servir;

2° Son bulletin de naissance constatant qu'il est né le (7) , à , canton de , département de ;

3° L'extrait de son casier judiciaire (bulletin n° 2);

4° (A)

5° (B)

(1) Nom de l'intendant militaire ou de l'officier suppléant, en ajoutant la localité où il est en fonctions.

(2) Nom et prénoms.

(3) Indiquer le corps choisi par l'engagé.

(4) Nom, grade et qualité de l'officier signataire du certificat.

(5) Armé ou auxiliaire.

(6) Désignation du corps, ce corps est indiqué par l'officier qui délivre le certificat d'après l'aptitude de l'engagé.

(7) Indication, en toutes lettres, du jour, du mois et de l'année de la naissance.

(A) Si l'engagé a moins de 20 ans, on indiquera sous ce numéro le consentement qu'il est tenu de produire conformément à la loi.

(B) On indiquera sous ce numéro les autres pièces que l'engagé devra produire dans les cas spécifiés à l'article 11 du décret.

(8) Intendant militaire ou officier suppléant.

(9) Dix-huit mois ou deux ans, suivant le cas.

(10) Si l'engagé ne peut signer, il sera fait mention de la cause qui l'en empêchera, conformément à l'article 39 du Code civil.

Nous (8) après avoir reconnu la régularité des pièces produites par M. (2) lui avons donné lecture :

1° Des paragraphes numérotés, 1°, 2°, 3°, 4° et 5° de l'article 61 de la loi du 31 mars 1928;

2° De l'article 90 de la même loi, lequel ordonne de poursuivre comme insoumis les engagés qui ne se rendent pas à leur destination dans les délais prescrits;

3° Du 4° alinéa de l'article 62 de la même loi, d'après lequel les engagés peuvent, dans l'intérêt du service, être changés de corps en temps de paix, de corps et d'arme en temps de guerre.

Après quoi nous avons reçu l'engagement spécial de M. (2) , lequel a promis de servir avec honneur et fidélité pendant (9) ans, à partir de ce jour.

Lecture faite à M. (2) du présent acte, il a signé avec nous (10).

L'Engagé, *L'Intendant militaire,*
ou
L'Officier suppléant,

° RÉGION	N° 1018 de la Nomenclature générale.
PLACE DE	MODÈLE N° 4.
N° du registre.	Article 15 du décret du 11 avril 1928.

ACTE D'ENGAGEMENT POUR LA DURÉE DE LA GUERRE

du nommé (2)...
pour le (3)...

---

(1) Nom de l'intendant militaire ou de l'officier suppléant, en ajoutant la localité où il est en fonctions.

(2) Nom et prénoms.

(3) Indication du corps choisi par l'engagé.

(4) Nom, grade et qualité de l'officier signataire du certificat.

(5) Armé ou auxiliaire.

(6) Désignation du corps.

(7) Indication du jour, du mois et de l'année de la naissance (en toutes lettres).

(8) Intendant militaire ou officier suppléant.

L'an mil neuf cent , le
à heures, s'est présenté devant nous (1)
M. (2) , âgé de ,
exerçant la profession de ,
domicilié à , canton de ,
département de , résidant à
canton de , département de ,
fils de et de ,
domiciliés à , canton de ,
département de .

Cheveux :	Visage :
Yeux :	Renseignements physionomiques complémentaires......
Front :	Taille :
Nez :	Taille rectifiée :
	Marques particulières

Lequel a déclaré vouloir s'engager pour la durée de la guerre pour servir dans le (3)

A cet effet, M. (2) , nous a présenté :

1° Un certificat délivré sous la date du
par (4)
et constatant que M. (2) est apte au service (5) et qu'il réunit les conditions requises pour le (6) dans lequel il demande à servir;

2° Son bulletin de naissance constatant qu'il est né le (7) , à , canton de , département de ;

3° L'extrait de son casier judiciaire (bulletin n° 2);

4° Un certificat du commandant du bureau de recrutement de attestant que M. (2) n'appartient pas à une classe mobilisée.

Nous (8) après avoir reconnu la régularité des pièces produites par M. (2) lui avons donné lecture :

1° De l'article 64 de la loi du 31 mars 1928;

2° De l'article 90 de la même loi, lequel ordonne de poursuivre comme insoumis les engagés qui ne se rendent pas à leur destination dans les délais prescrits;

3° Du 4° alinéa de l'article 62 de la même loi, d'après lequel l'engagé pour la durée de la guerre peut, dans l'intérêt du service, être changé de corps et d'arme.

Après quoi nous avons reçu l'engagement de M (2) , lequel a promis de servir avec honneur et fidélité pendant la durée de la guerre.

Lecture faite à M. (2)
du présent acte, il a signé avec nous (9)

L'Engagé,

L'Intendant militaire,
ou
L'Officier suppléant,

(9) Si l'engagé ne peut signer, il sera fait mention de la cause qui l'en empêchera, conformément à l'article 39 du Code civil.

° RÉGION.

PLACE D

Ce certificat n'est valable que pendant 48 heures.

MODÈLE N° 5.

Article 4 du décret du 11 avril 1928.

CERTIFICAT D'APTITUDE

délivré par l'autorité militaire à M. (3)
qui a déclaré vouloir servir comme engagé dans le (7)

Nous soussigné (1)
certifions que nous avons fait visiter par M. (2)

M. (3) , né le .
à , canton de ,
département de , résidant à .
canton de , département de ,
fils de (4) et de (5) ,
domiciliés à , canton de .
département de .

Cheveux :	Yeux :
Visage :	Renseignements physionomiques complémentaires.........
Front	Taille :
Nez .	Taille rectifiée :
	Marques particulières :

Et qu'il résulte de cette visite que M. (3)
est apte au service armé (6)

En conséquence, et après avoir reconnu par nous-même qu'il réunit la taille et les autres conditions requises pour le (7)

Nous déclarons que l'acte d'engagement qu'il demande à contracter pour servir dans le (7)
peut être reçu.

En foi de quoi, nous lui avons délivré le présent certificat signé de nous et de M. (2)

Fait à , le 19 .

(8)

(9) (10)

(1) Indication du nom, du grade, du corps et de l'arme de l'officier signataire du certificat.
(2) Indiquer ici le nom et le grade du médecin qui a visité l'engagé.
(3) Nom et prénoms de l'engagé.
(4) Prénoms du père.
(5) Nom et prénoms de la mère.
(6) Dans le cas où l'intéressé a été classé dans le service auxiliaire par le conseil de revision, indiquer qu'il est apte au service auxiliaire.
(7) Désignation du corps choisi par l'engagé.
(8) Signature de l'engagé.
(9) Signature du médecin.
(10) Signature de l'officier qui a établi le certificat.

Instruction pour l'application des dispositions de l'article 63 de la loi du 31 mars 1928 sur le recrutement de l'armée, et des articles 11, 12 et 13 du décret du 11 avril 1928 relatifs à l'engagement spécial dit de devancement d'appel au titre des troupes métropolitaines.

Paris, le 17 avril 1928.

CHAPITRE Ier.

Engagement spécial dit de devancement d'appel pour une durée égale au temps du service actif.

I. — Jeunes gens titulaires : du brevet de préparation militaire élémentaire, du brevet militaire de pilote d'avion ou du certificat d'aptitude a l'emploi de mécanicien militaire d'aéronautique.

Dispositions générales.

Article 1er. Les jeunes gens réunissant les conditions prévues à l'article 63 de la loi (y compris ceux qui sont mariés ou susceptibles de bénéficier des dispositions de l'article 2 de la loi du 1er avril 1923, complété par la loi du 27 décembre 1927), âgés d'au moins 18 ans et pourvus du *brevet de préparation militaire élémentaire* ou du certificat d'aptitude à l'emploi de *mécanicien militaire d'aéronautique*, sont admis à contracter, aux dates fixées à l'article 2 ci-après, et jusqu'à concurrence du nombre fixé pour chaque corps par l'article 4 de la présente instruction, un engagement spécial dit de devancement d'appel d'une durée égale au temps du service actif.

Le brevet de préparation militaire élémentaire et le certificat d'aptitude à l'emploi de mécanicien militaire d'aéronautique ne sont valables que pour la période d'engagement qui suit immédiatement la session d'examen où ils ont été obtenus.

Les jeunes gens titulaires du *brevet militaire de pilote d'avion* sont admis à s'engager par devancement d'appel dans les conditions indiquées ci-dessus, mais seulement pour un corps d'aviation désigné par le Ministre.

Les jeunes gens titulaires du certificat d'aptitude à l'emploi de *mécanicien militaire d'aéronautique* ne peuvent contracter un engagement par devancement d'appel que pour un corps d'aéronautique.

La faculté de contracter un engagement par devancement d'appel cesse pour l'intéressé du jour où commence l'incorporation de la fraction de contingent qui précède celle à laquelle il appartient par son âge. (Exemple : cette faculté cesse le 20 novembre 1927 pour un jeune homme appartenant par son âge au 1er contingent de la classe 1928, le 20 mai 1928 pour un jeune homme appartenant par son âge au 2e contingent de la classe de 1928.)

Toutefois, les titulaires du brevet militaire de pilote d'avion peuvent être admis, après autorisation du Ministre de la guerre (Direction de l'Aéronautique), à s'engager par devancement d'appel postérieurement à cette date.

Les jeunes gens classés dans le service auxiliaire, par le conseil de revision, sont admis à s'engager par devancement d'appel.

Les jeunes gens ajournés, exemptés, sursitaires, ainsi que les omis, ne sont pas admis à souscrire cet engagement.

Périodes au cours desquelles il est souscrit.

Article 2. Cet engagement est souscrit pendant les périodes suivantes : chaque année, du 10 au 20 mai et du 10 au 20 novembre (21 mai ou 21 novembre quand le 20 tombe un dimanche).

Toutefois, les contrats des titulaires du brevet militaire de pilote d'avion pourront être reçus à toute époque de l'année.

Corps autorisés à recevoir des engagés par devancement d'appel.

Article 3. L'engagement spécial dit de devancement d'appel est souscrit au titre des corps de troupe métropolitains d'infanterie, de cavalerie, d'artillerie, du génie, d'aéronautique et du train, à l'exception des secrétaires d'état-major, stationnés dans la métropole, à l'armée du Rhin et en Afrique du Nord.

Le régiment de sapeurs-pompiers, les compagnies de cavaliers de remonte, les compagnies d'ouvriers du génie, les compagnies d'électro-mécaniciens, les compagnies de pontonniers spécialisés dans le remorquage, les sections de C. O. A., d'infirmiers militaires, les établissements militaires et les écoles militaires, ne reçoivent pas d'engagés par devancement d'appel.

Les engagés dans le train ne doivent en aucun cas être employés en qualité de secrétaires d'état-major. Ils sont, en principe, dans chaque fraction d'escadron, répartis entre les unités automobiles ou hippomobiles au prorata des effectifs théoriques de paix de ces unités.

Les engagés dans la cavalerie, qui sont susceptibles d'être renvoyés dans leurs foyers comme bénéficiaires de l'article 2 de la loi du 1er avril 1923 sont maintenus, en principe, dans cette arme; toutefois, ceux d'entre eux qui ne possèdent pas de notions d'équitation, doivent être affectés aux unités d'autos-mitrailleuses.

Fixation du nombre d'engagés par devancement d'appel à recevoir par corps.

Article 4. Le nombre d'engagés par devancement d'appel pouvant être reçu par corps et par période est fixé à : *quatre pour cent* de l'effectif théorique de paix pour les corps d'infanterie, y compris les chars de combat, pour les régiments d'artillerie hippomobile, les régiments ou bataillons formant corps de sapeurs-mineurs et de sapeurs-pontonniers; *deux pour cent* de ce même effectif pour les corps de l'artillerie et du génie autres que ceux visés ci-dessus, ainsi que pour les corps de cavalerie, d'aéronautique et du train, à l'exception des secrétaires d'état-major.

Les jeunes gens titulaires du brevet militaire de pilote d'avion ne sont pas compris dans la proportion de deux pour cent.

Pour les régiments de spahis, le pourcentage de deux pour cent est décompté sur l'effectif total des militaires européens.

Formalités préalables à l'engagement. Choix du corps. Pièces à fournir.

Article 5. Tout candidat a le droit de choisir son corps dans la limite prévue à l'article 4 ci-dessus. Satisfaction est donnée à la demande de l'intéressé d'après :

a) Le nombre de points obtenus à l'examen du brevet de préparation militaire élémentaire ou du certificat d'aptitude à l'emploi de mécanicien militaire d'aéronautique;

b) Le ou les brevets de spécialité;

c) La profession exercée;

d) Le nombre de places disponibles dans les corps.

Le candidat doit produire en s'engageant l'autorisation du chef de corps dans lequel il désire servir; mention en est faite dans l'acte d'engagement.

A cet effet, il doit se mettre en instance auprès du commandant d'un bureau de recrutement : à partir du 1er avril pour la première période d'engagement, et à partir du 1er octobre pour la deuxième période.

Il doit être porteur : de son extrait de naissance; s'il a moins de 20 ans, du consentement de son représentant légal, du brevet de préparation militaire élémentaire ou du certificat d'aptitude à l'emploi de mécanicien militaire d'aéronautique et, s'il y a lieu, des brevets de spécialité, diplômes ou certificat d'acceptation qu'il possède.

L'extrait du casier judiciaire est demandé au parquet par le commandant du bureau de recrutement.

L'autorisation d'engagement est demandée, le jour même, au chef de corps intéressé, par le commandant du bureau de recrutement au moyen d'une notice indiquant, pour chaque candidat : ses nom, prénoms, date de naissance, profession, taille, poids (en ce qui concerne la cavalerie), nombre de points obtenus à l'examen du brevet de préparation militaire élémentaire ou du certificat d'aptitude à l'emploi de mécanicien militaire d'aéronautique, et, s'il y a lieu, les diplômes, brevets de spécialité ou le certificat d'acceptation qu'il possède (1).

Le titulaire du brevet militaire de pilote d'avion se présente au commandant d'un bureau de recrutement dès qu'il a obtenu l'autorisation ministérielle prévue à l'article 1er ci-dessus. En outre de son brevet et de cette autorisation, il doit être porteur de son extrait de naissance et, le cas échéant, du consentement de son représentant légal.

Visite médicale.

Article 6. Les candidats à l'engagement spécial dit de devancement d'appel ayant déjà subi un examen médical avant de concourir pour l'obtention de l'un des brevets de préparation militaire prévus à l'article 11 du décret ne doivent être soumis qu'à une seule visite médicale dans les quarante-huit heures qui précèdent la signature du contrat.

En ce qui concerne les candidats classés dans le service auxiliaire par le conseil de revision, le certificat d'aptitude physique doit mentionner que l'intéressé est apte « au service auxiliaire ».

---

(1) Une tolérance de taille de 2 centimètres est accordée aux candidats à toutes les armes ou subdivisions d'armes dans lesquelles des conditions de taille sont exigées, à l'exception des unités de chars de combat, pour lesquelles la taille maxima de 1m,80 constitue une limite que les servitudes du matériel ne permettent pas de dépasser.

Autorisation à délivrer par les chefs de corps.

Article 7. (1). L'autorisation prévue à l'article 5 ci-dessus ayant uniquement pour but d'éviter un dépassement du pourcentage fixé, doit être délivrée par le chef de corps qui se conformera strictement aux règles indiquées ci-après :

Première catégorie.

Unités d'infanterie (à l'exception des unités de chars de combat), unités de cavalerie (à l'exception des unités d'autos-mitrailleuses de cavalerie), unités du train à traction hippomobile, unités d'artillerie à traction hippomobile, d'artillerie de montagne, d'artillerie à pied, d'artillerie lourde, sur voie ferrée (à l'exception des unités de repérage, de défense contre aéronefs, d'ouvriers d'artillerie et d'ouvriers chimistes), unités de sapeurs mineurs et de sapeurs pontonniers :

1° Candidats titulaires d'un brevet de spécialité, dans les unités pour lesquelles les désigne plus particulièrement ce brevet.

Exemple : titulaires du B. S. (2) « armes montées » dans les unités de cavalerie, d'artillerie et du train hippomobile; titulaires du B. S. « aviron » dans les unités de sapeurs pontonniers, titulaires du B. S. « sapeur mineur » dans les unités de sapeurs mineurs, etc.

2° Candidats titulaires du brevet de préparation militaire élémentaire en commençant par ceux ayant le plus grand nombre de points.

Deuxième catégorie.

Unités de chars de combat (à l'exception des unités d'ouvriers),

Unités du train et d'artillerie à traction automobile,

Unités d'autos-mitrailleuses de cavalerie, unités de défense contre aéronefs :

1° Candidats titulaires du B. S. « chars de combat », pour les unités de chars de combat;

---

(1) Nouvelle rédaction.
(2) Brevet spécialité.

2° Candidats titulaires du B. S. « automobiliste militaire » (1);

3° Candidats qui font la preuve, soit qu'ils exercent la profession de conducteur d'automobile (certificat délivré par l'employeur), soit qu'ils sont possesseurs, eux ou leurs parents, d'un véhicule automobile qu'ils conduisent (présentation au commandant du bureau de recrutement du permis de conduire établi à leur nom, de la carte grise et de l'autorisation de circulation d'un véhicule automobile établie à leur nom ou au nom de leur père, de leur mère ou de leur tuteur).

4° Candidats ayant le plus grand nombre de points au brevet de préparation militaire élémentaire.

Troisième catégorie.

Unités de repérage, unités de sapeurs de chemins de fer, unités de sapeurs télégraphistes, corps d'aéronautique militaire, unités d'ouvriers de chars de combat, unités d'ouvriers d'artillerie, unités d'ouvriers chimistes :

a) Dans les unités de repérage : candidats possesseurs de diplômes de l'enseignement secondaire (sciences) ou exerçant l'une des professions spécifiées dans l'instruction du 30 avril 1925 (vol. 68-1) (2).

b) Dans les unités de sapeurs de chemins de fer ou de sapeurs télégraphistes :

1° Candidats titulaires d'un brevet de spécialité, dans les unités pour lesquelles les désigne plus particulièrement ce brevet;

2° Candidats exerçant l'une des professions spécifiées dans l'instruction du 30 avril 1925 (2).

c) Dans les corps d'aéronautique (3) :

1° Candidats titulaires du certificat d'aptitude à l'emploi de mécanicien militaire d'aéronautique en commençant par ceux ayant le plus grand nombre de points;

2° Candidats titulaires du brevet de préparation militaire élé-

---

(1) Le brevet spécialité « automobiliste militaire » est délivré dans les conditions prévues par l'instruction du 2 novembre 1925. (*Bulletin officiel*, p. 2970.)

(2) Il ne faut entendre, par là, que les professions explicitement énumérées dans cette instruction, à l'exclusion de celles qui sont comprises sous la rubrique « professions diverses ».

(3) Pour les pilotes d'avions, voir les règles particulières fixées à l'article premier.

mentaire exerçant l'une des professions spécifiées dans l'instruction du 30 avril 1925 (1).

d) Dans les unités d'ouvriers de chars de combat et d'ouvriers d'artillerie :

1° Candidats titulaires du certificat d'aptitude professionnelle prévu par l'instruction du 25 juin 1910 (vol. 63);

2° Candidats exerçant l'une des professions spécifiées dans l'instruction du 30 avril 1925 (1).

e) Dans les unités d'ouvriers chimistes : candidats exerçant la profession de chimiste ou l'une des professions spécifiées dans l'instruction du 30 avril 1925 (1).

Observation importante. — Dans chacune des unités de la troisième catégorie et pour chaque profession, l'autorisation est accordée dans l'ordre fixé ci-dessus, en commençant par les candidats ayant le plus grand nombre de points au brevet de préparation milillitaire élémentaire. Ces unités ne sont, d'ailleurs, pas tenues d'atteindre le pourcentage fixé si le nombre des candidats titulaires d'un brevet de spécialité ou remplissant les conditions d'aptitude professionnelle est insuffisant pour leur permettre de réaliser ce pourcentage.

Délivrance de l'autorisation d'engagement pour les corps stationnés dans la métropole et à l'armée française du Rhin.

a) *Premier tour.*

Article 8 (2). Le chef de corps conserve jusqu'au 7 avril (7 octobre pour la 2e période), les notices qu'il a reçues, examine concurremment toutes celles qui lui sont parvenues à cette date et accorde les autorisations dans les conditions fixées à l'article 7 ci-dessus.

Le 8 avril (ou 8 octobre), il renvoie aux commandants des bureaux de recrutement les notices complétées par la mention de l'acceptation ou du refus et du nombre de vacances d'engagés par devancement d'appel restant disponibles au corps.

Les candidats en sont informés par les commandants des bureaux de recrutement.

Première publication au *Journal officiel* de la liste des corps pouvant recevoir des engagés par devancement d'appel après le premier tour.

Article 9. Les corps qui, après cette première sélection, disposent encore de places, adressent le 8 avril (ou 8 octobre) au

(1) Voir note (2) de la page 29.
(2) Nouvelle rédaction.

général commandant la région un état indiquant le nombre de ces places.

Un état récapitulatif (par armes et par corps) établi aussitôt par région est adressé à l'administration centrale (Direction de l'Infanterie, 2e Bureau), pour le 12 avril (ou le 12 octobre), de façon que les renseignements qui y figurent puissent être publiés au *Journal officiel* du 17 avril (ou 17 octobre), ou s'il y a lieu, le jour suivant.

b) *Deuxième tour.*

Article 10. Les jeunes gens n'ayant pas obtenu l'autorisation au premier tour peuvent aussitôt renouveler leur demande pour un des corps indiqués au *Journal officiel*, par l'intermédiaire des bureaux de recrutement.

Deuxième publication au *Journal officiel* de la liste des corps pouvant recevoir des engagés par devancement d'appel après le deuxième tour.

Article 11. Le 26 avril (26 octobre), les chefs de corps renvoient les notices aux bureaux de recrutement. Ceux de ces corps qui, après cette deuxième sélection, disposent encore de places, en rendent compte le même jour dans les conditions indiquées pour le premier tour.

En vue de la publication de cette liste au *Journal officiel* du 5 mai (5 novembre) ou jour suivant, s'il y a lieu, le général commandant la région adresse un état récapitulatif pour le 30 avril (ou 30 octobre) à l'administration centrale (Direction de l'Infanterie, 2e Bureau).

c) *Troisième tour.*

Article 12. Les candidats n'ayant pas obtenu l'autorisation au premier et deuxième tours ont la faculté de se mettre une troisième fois et dans les mêmes conditions que précédemment en instance d'autorisation au titre d'un des corps indiqués au *Journal officiel.*

Les chefs de corps renvoient aux bureaux de recrutement le 11 mai (11 novembre) les notices revêtues de la mention d'acceptation ou de refus.

Délivrance de l'autorisation d'engagement pour les corps stationnés dans l'Afrique du Nord.

a) *Premier tour.*

Article 13. Les notices concernant les candidats en résidence dans la métropole ou dans l'Afrique du Nord désireux de s'engager par devancement d'appel au titre d'un corps de l'Afrique du Nord sont adressées par les commandants des bureaux de recrutement aux chefs de corps qui les conservent jusqu'au 12 avril (12 octobre) qui les examinent dans les conditions prévues aux articles 7 et 8 ci-dessus et les renvoient le même jour, revêtues de la mention « Autorisation accordée ou refusée ». Les candidats en sont informés par les commandants des bureaux de recrutement.

Publication au *Journal officiel* de la liste des corps de l'Afrique du Nord pouvant recevoir des engagés par devancement d'appel après le premier tour.

Article 14. Les corps qui, après cette première sélection, n'ont pas atteint le pourcentage fixé, adressent immédiatement, suivant le cas, soit au général commandant le 19ᵉ corps d'armée, soit au général commandant supérieur des troupes du Maroc, soit au général commandant supérieur des troupes en Tunisie, un état indiquant le nombre de places restant disponibles. Un télégramme récapitulatif (par armes et par corps) donnant ces renseignements est établi par les soins de ces officiers généraux et adressé à l'administration centrale (Direction de l'Infanterie, 2ᵉ Bureau), au plus tard pour le 16 avril (16 octobre) de façon que les renseignements qui y figurent puissent être publiés au *Journal officiel* le 20 avril (20 octobre) ou jour suivant, s'il y a lieu.

b) *Deuxième tour.*

Article 15. Les jeunes gens n'ayant pas obtenu l'autorisation au premier tour peuvent aussitôt renouveler leur demande pour un des corps indiqués au *Journal officiel*, par l'intermédiaire des bureaux de recrutement.

Ces nouvelles demandes sont examinées le 3 mai (3 novembre) et renvoyées le jour même par le chef de corps aux bureaux de recrutement intéressés.

II. — Libération des engagés spéciaux par devancement d'appel pour une durée égale au temps du service actif.

Article 16. Ces engagés passent dans la disponibilité au même moment que les hommes de la fraction du contingent incorporés en même temps qu'eux. Ceux qui bénéficient des dispositions de l'article 2 de la loi du 1ᵉʳ avril 1923 et de la loi du 27 décembre 1927 passent dans la disponibilité après un an de service.

Les titulaires du brevet militaire de pilote d'avion engagés en dehors des deux périodes prévues à l'article 2 de la présente instruction passent dans la disponibilité lorsqu'ils ont accompli dix-huit mois de service.

III. — Jeunes gens titulaires du brevet de préparation militaire supérieure et non pourvus du diplôme civil de fin d'études.

(Catégorie C de l'article 68 de l'instruction du 29 septembre 1925, *Bulletin officiel*, volume 72 *bis*.)

Article 17. Ces jeunes gens, dont la liste est publiée chaque année au *Journal officiel*, sont admis à contracter l'engagement spécial dit de devancement d'appel d'une durée égale au temps du service actif dans les mêmes conditions que ceux possédant le brevet de préparation militaire élémentaire.

Toutefois, sauf décision contraire du Ministre, ces engagements ne sont reçus qu'au titre d'un corps de l'arme pour laquelle ils ont obtenu leur brevet.

Les candidats fournissent un extrait du *Journal officiel* certifié par le directeur de la préparation militaire supérieure de la région dans laquelle ils ont suivi les cours. Ils accomplissent dix-huit mois de service.

IV. — Jeunes gens qui n'ayant pas satisfait aux épreuves d'obtention du brevet de préparation militaire supérieure ont néanmoins obtenu aux examens une moyenne suffisante fixée chaque année par le ministre.

(Article 19 de l'instruction du 29 septembre 1925, modifiée par le rectificatif inséré au *Bulletin officiel* 1926, page 1230.)

Article 18. Ces jeunes gens, dont la liste est publiée chaque année au *Journal officiel*, sont admis à contracter l'engagement spécial dit de devancement d'appel d'une durée égale au temps du service actif dans les mêmes conditions que ceux mentionnés à l'article précédent. Ils accomplissent dix-huit mois de service.

V. — Jeunes gens titulaires du brevet de préparation militaire supérieure et pourvus de leur diplôme civil de fin d'études.

(Catégories A et B de l'article 68 de l'instruction du 29 septembre 1925.)

Article 19. Ces jeunes gens, dont la liste est publiée chaque année au *Journal officiel*, s'ils sont âgés d'au moins 18 ans, ont la faculté de contracter l'engagement spécial dit de devancement d'appel dans les mêmes conditions et aux mêmes dates que les titulaires du brevet de préparation militaire élémentaire, mais seulement au titre de l'arme pour laquelle ils ont obtenu leur brevet et du corps de cette arme le plus rapproché de leur résidence (article 69 de l'instruction du 29 septembre 1925) (1).

Ils fournissent, à cet effet, un extrait du *Journal officiel* certifié par le directeur de la préparation militaire supérieure de la région dans laquelle ils ont suivi les cours.

Cet engagement est reçu *en surnombre* et le consentement du chef de corps n'est pas exigé.

L'acte d'engagement doit porter la mention « Au titre de l'article 34 de la loi », et les intéressés accomplissent un an de service s'ils sont nommés officiers ou sous-officiers de réserve à la sortie du peloton d'élèves officiers de réserve, et dix-huit mois dans le cas contraire.

Ces jeunes gens peuvent conserver le bénéfice de leur brevet de préparation militaire supérieure, soit pendant six mois (1er alinéa de l'article 15 de l'instruction du 29 septembre 1925), soit pendant une année s'ils sont reconnus inaptes physiquement (3e alinéa du même article), même plus longtemps s'ils font de l'instruction d'entretien (2e alinéa du même article). Ces dispositions sont également applicables aux jeunes gens visés à l'article 17 de la présente instruction.

CHAPITRE II.

Engagement de devancement d'appel d'une durée de deux ans avec faculté d'être mis en congé au bout de 18 mois de service.

(2e alinéa de l'article 63 de la loi.)

Article 20. Les jeunes gens âgés d'au moins 18 ans, remplissant les conditions d'aptitude physique requises et désireux d'aller se fixer, à l'expiration de leur service actif, en Algérie, dans les colonies, pays de protectorat ou territoires à mandat, ainsi qu'à l'étranger, peuvent contracter, sans être tenus de posséder un brevet de préparation militaire, un engagement de

(1) Il n'est pas délivré de brevet de préparation militaire supérieure au titre de l'aéronautique, mais cette arme peut recevoir comme engagés par devancement d'appel des jeunes gens ayant obtenu ledit brevet au titre de l'artillerie et du génie, qui remplissent les conditions fixées par l'article 35, paragraphe 4, de l'instruction du 29 septembre 1925.

devancement d'appel de deux ans avec faculté d'être envoyés en congé au bout de dix-huit mois de service, à la condition de quitter la France dans un délai de six mois après leur envoi en congé, et de faire certifier, chaque année, pendant cinq années consécutives, leur présence dans le pays où ils ont déclaré se fixer, par le représentant attitré de l'Etat français, faute de quoi ils seront rappelés sous les drapeaux jusqu'à l'achèvement des obligations résultant de leur engagement.

Les jeunes gens classés dans le service auxiliaire par le conseil de revision sont admis à contracter cet engagement.

Toutefois, il n'est pas ouvert aux ajournés, exemptés, sursitaires ainsi qu'aux omis.

La faculté de le contracter cesse pour le candidat du jour où commence l'incorporation de la fraction de contingent qui précède celle à laquelle il appartient par son âge.

Cet engagement est reçu sans limitation de nombre aux époques suivantes : du 10 au 20 mai et du 10 au 20 novembre de chaque année et seulement pour les corps autorisés à recevoir des engagés spéciaux par devancement d'appel (article 3 de la présente instruction).

Indépendamment des engagements qu'ils peuvent, le cas échéant, contracter dans les troupes coloniales, les jeunes gens résidant en Algérie, Tunisie ou au Maroc ne sont admis à souscrire l'engagement visé au 1er alinéa du présent article que s'ils ont l'intention d'aller se fixer à l'étranger à l'expiration de leur service actif.

L'autorisation du chef de corps n'est exigée que dans les cas prévus pour les engagés ordinaires (sapeurs-pompiers, aviation, spahis, etc.).

CHAPITRE III.

Réception des actes d'engagement par devancement d'appel.

Article 21. Ils sont reçus dans les conditions prévues par l'article 6 du décret relatif aux engagements.

L'acte est conforme au modèle n° 3 annexé à ce décret.

Il doit être modifié ou complété, le cas échéant, comme il suit :

Au paragraphe 5°, renvoi B, mentionner : soit le brevet de préparation militaire élémentaire, soit le brevet de préparation militaire supérieure, soit le brevet militaire de pilote d'avion, soit le certificat d'aptitude à l'emploi de mécanicien militaire d'aéronautique; l'autorisation du chef de corps ou du Ministre (pilotes d'avion).

Les candidats à l'engagement au titre de l'article 34 de la loi (article 19 de la présente instruction), ne sont pas tenus de produire l'autorisation du chef de corps; dans ce cas, il y a lieu d'indiquer en tête de l'acte : « Article 34 de la loi. »

Pour les candidats à l'engagement de deux ans (article 20 de la présente instruction) qui ne sont pas tenus par la loi de produire un brevet de préparation militaire, mentionner l'autorisation du chef de corps, seulement dans le cas où elle est exigée.

CHAPITRE IV.

Dispositions diverses.

ENGAGEMENT PAR DEVANCEMENT D'APPEL AU TITRE DE L'AÉRONAUTIQUE MARITIME.

Cet engagement est souscrit dans les conditions prescrites par la circulaire du Ministre de la marine, du 12 mars 1925, modifiée le 31 août 1926, insérée au *Bulletin officiel* du ministère de la guerre, du 1er semestre 1927, page 91.

DOCUMENTS ABROGÉS.

Cette instruction annule et remplace toutes les circulaires relatives à l'engagement par devancement d'appel au titre des troupes métropolitaines parues depuis le 13 mars 1924 sous le timbre de la Direction de l'Infanterie, 2e Bureau.

RECOMMANDATIONS SPÉCIALES.

Les généraux commandant les régions veillent, tout particulièrement, à l'exécution des dispositions de la présente instruction.

Ils prennent, notamment, toutes dispositions pour que les états récapitulatifs indiquant le nombre de places restant disponibles dans chaque corps parviennent exactement aux dates fixées; tout retard, omission ou erreur en ce qui concerne cet envoi devant mettre obstacle à la publication, en temps opportun, au *Journal officiel*, des renseignements nécessaires et, par suite, entraîner des déplacements inutiles et onéreux.

Engagement spécial dit de devancement d'appel des jeunes Français en résidence sur le territoire occupé par l'armée du Levant.

N° 8286 2/1. Paris, le 16 juin 1928.

Les jeunes Français résidant sur le territoire occupé par l'armée du Levant, qui doivent, normalement, accomplir leur service actif légal, dans les corps métropolitains de cette armée, sont autorisés à s'engager, par devancement d'appel, au titre de ces corps, dans les conditions prévues par l'instruction du 17 avril 1928.

Instruction concernant les engagements prévus pour les troupes métropolitaines par les articles 61 et 62 de la loi du 31 mars 1928 relative au recrutement de l'armée, et par le décret du 11 avril 1928 (1).

Paris, le 20 juin 1928.

I. — Dispositions générales.

Conditions à remplir.

Article 1er. Tout Français ou naturalisé Français aux termes des articles 12 et 13 de la loi, ainsi que tout homme appelé à figurer sur les tableaux de recensement ou autorisé par les lois à servir dans l'armée française, est admis à contracter un engagement aux conditions suivantes :

1° Avoir 18 ans accomplis;

2° N'être pas marié;

3° N'avoir encouru aucune des condamnations visées aux articles 4 et 5 de la loi;

4° S'il s'agit d'un jeune homme âgé de moins de 20 ans, être pourvu, en principe, du consentement de son père, de sa mère ou de son tuteur;

---

(1) Pour les engagements spéciaux dits de devancement d'appel, prévus par l'article 63 de la loi, voir l'instruction du 17 avril 1928.

5° Être apte au service armé et satisfaire aux conditions de taille et d'aptitude physique exigées pour servir dans le corps choisi.

Toutefois, les jeunes gens classés dans le service auxiliaire, par le conseil de revision, peuvent contracter un engagement pour tenir des emplois déterminés par l'instruction ministérielle du 15 septembre 1906 (*Bulletin officiel*, volume 63, page 235).

Si, après leur incorporation, ils sont classés dans le service armé, ils terminent leur engagement dans ce service.

Durée des engagements, périodes au cours desquelles ils sont contractés, nombre à recevoir par corps.

Article 2. Les engagements de deux, trois, quatre et cinq ans sont contractés à toute époque de l'année, sous la réserve, pour les jeunes gens inscrits dans les première et deuxième parties de la liste de recrutement cantonal, de ne pas dépasser la date fixée à l'article 10 du décret.

Jusqu'à nouvel ordre, cette date est fixée pour chaque année : au 9 mai inclus pour les jeunes gens faisant partie de la première fraction du contingent appelé en mai et au 9 novembre inclus pour ceux faisant partie de la deuxième fraction appelée en novembre.

Ces engagements sont reçus dans la proportion suivante :

1° Pour les corps d'infanterie (y compris les chars de combat), de cavalerie, d'artillerie, du génie et d'aéronautique, sans limitation de nombre;

2° Pour le train, les sections d'infirmiers, sections de commis et ouvriers militaires d'administration : dans la proportion de 10 p. 100 de l'effectif théorique de paix au titre de celles de ces formations stationnées dans la métropole; sans limitation de nombre au titre de celles de ces formations stationnées en dehors de la métropole. Les hommes classés dans le service auxiliaire, par le conseil de revision, peuvent être admis à s'engager au titre de ces formations sans limitation de nombre.

Pour les corps dans lesquels les engagements sont reçus sans limitation de nombre, il appartient aux chefs de corps, lorsque l'effectif des engagés atteint un chiffre qui ne saurait être dépassé sans inconvénient, d'en rendre compte au Ministre (Direction de l'Infanterie, 2e Bureau), afin de lui permettre, le cas échéant, de suspendre les engagements.

La liste des corps dans lesquels les engagements sont suspendus est publiée au *Journal officiel* le 1er de chaque mois (1).

Autorités militaires chargées de constituer les dossiers.

Article 3. Les dossiers d'engagement sont constitués par les commandants des bureaux de recrutement et les chefs de corps. Les chefs de détachement, s'ils sont officiers et s'ils disposent d'un médecin militaire ou d'un médecin civil désigné par l'autorité militaire, peuvent également être appelés à constituer ces dossiers.

Présentation des candidats.

Article 4. Les candidats à l'engagement se présentent aux autorités prévues à l'article précédent. Ils doivent être porteurs de leur bulletin de naissance délivré sans frais; s'ils sont âgés de moins de 20 ans, du consentement de leur père, mère ou tuteur dans les conditions fixées à l'article 27 ci-après.

Visite médicale.

Article 5. Tout candidat ayant présenté les pièces énumérées à l'article précédent est présenté dans le plus bref délai possible à la visite médicale.

Cette visite est effectuée dans les conditions prescrites par l'instruction du 30 janvier 1925 (*Bulletin officiel*, volume 68²).

Lorsque le médecin estime nécessaire un examen complémentaire par des médecins spécialistes, examen que les ressources locales de la Place peuvent éventuellement rendre possible, toutes dispositions sont prises pour faciliter la consultation sollicitée.

Le candidat reçoit, le cas échéant, un certificat d'aptitude physique conforme au modèle n° 5 annexé au décret.

Ce certificat n'est valable que pendant quarante-huit heures.

Pour un jeune homme classé dans le service auxiliaire, par le conseil de révision, le certificat d'aptitude physique doit mentionner que l'intéressé est « apte au service auxiliaire ».

Registre de visite médicale.

Article 6. Les autorités prévues à l'article 3 ci-dessus tiennent un registre de visite médicale conforme au modèle n° I annexé à la présente instruction.

---

(1) Nouvelle rédaction.

Cas dans lesquels le consentement du chef de corps est nécessaire.
Indication du nombre de vacances dans le train.

Article 7. Le consentement du chef de corps est exigé pour l'admission dans les corps ci-après en raison de leur spécialité ou de leur effectif réduit : régiment de sapeurs-pompiers, régiments ou bataillons formant corps de sapeurs-télégraphistes, régiments de spahis, formations d'aviation (régiments ou groupes d'aviation formant corps, groupes et compagnies formant corps d'ouvriers d'aéronautique), sections de commis et ouvriers militaires d'administration, sections d'infirmiers militaires.

En cas de candidature à l'engagement pour les unités du train stationnées dans la métropole, les autorités prévues à l'article 3 ci-dessus s'assurent que l'effectif maximum de 10 pour 100 prévu à l'article 2 n'est pas atteint (1).

Ce consentement ou ces renseignements sont demandés immédiatement après la visite médicale. Ils doivent être adressés dans les vingt-quatre heures.

Constitution des dossiers d'engagement.

Article 8. Dès qu'un candidat est reconnu apte à la visite médicale, l'autorité prévue à l'article 3 ci-dessus établit son dossier.

Indépendamment des pièces prévues aux articles 4, 5 et 7 ci-dessus, ce dossier doit contenir un extrait du casier judiciaire (bulletin n° 2) du candidat. Cette pièce est demandée au parquet du lieu de naissance dans les conditions fixées par l'arrêté du 17 décembre 1923 (*Bulletin officiel*, volume 59[2]).

Choix du corps.

Article 9. Tout candidat à l'engagement a le droit de choisir son arme et son corps sous réserve des conditions d'aptitude physique exigées pour sa subdivision d'arme. Toutefois, le Ministre de la guerre peut, dans l'intérêt du service, prononcer d'office, en temps de paix, le changement de corps d'un engagé, et, en temps de guerre, le changement de corps et d'arme.

Signature de l'acte d'engagement.

Article 10. Le candidat, muni de son dossier, est présenté, par les soins de l'autorité prévue à l'article 3 ci-dessus, à l'intendant militaire ou à l'officier qui le supplée.

---

(1) Nouvelle rédaction.

L'acte est souscrit dans les conditions prévues à l'article 6 du décret. Dans le cas où il est souscrit au titre du 1er groupe d'ouvriers d'aéronautique ou des 8e ou 18e régiments du génie, l'acte doit mentionner, outre le corps, l'unité, bataillon ou compagnie, comme il est indiqué aux articles 20 et 21 ci-après.

Les actes sont souscrits sur des imprimés conformes aux modèles annexés au décret du 11 avril 1928.

Ces actes sont réunis provisoirement dans un classeur mobile par catégorie d'engagement, savoir :

a) Engagements ordinaires (modèle n° 1);

b) Engagements provisoires (modèle n° 2);

c) Engagements spéciaux dits de devancement d'appel (modèle n° 3);

d) Engagements pour la durée de la guerre (modèle n° 4).

Dès qu'un de ces classeurs mobiles contient 250 actes, il est broché et constitue un registre portant sur la couverture et suivant le cas la mention suivante :

• Région. Année

Sous-intendance de

REGISTRE N° .....

des actes d'engagements (a, b, c, *ou* d, *suivant le cas*) *reçus au titre des troupes métropolitaines pendant la période du* .... *au* ....

Engagement provisoire.

Article 11. L'engagement provisoire est reçu dans les conditions prévues à l'article 7 du décret.

Aucun engagement provisoire n'est reçu au titre des corps pour lesquels est nécessaire le consentement prévu à l'article 7 de la présente instruction, ni au titre des corps stationnés en Afrique du Nord. Les candidats à l'engagement au titre de ces corps, remplissant les conditions d'aptitude physique requises, sont, s'ils le demandent, hébergés dans les conditions prévues pour les candidats au rengagement.

Mise en route des engagés.

Article 12. Dès que l'engagé le désire et au plus tard le surlendemain de la signature de l'acte, il est mis en route dans les conditions fixées à l'article 14 du décret, soit sur la garnison de l'unité mentionnée aux articles 20 et 21 ci-après, soit sur la portion principale de son corps dans tous les autres cas.

L'intendant militaire ou l'officier qui le supplée prend toutes dispositions pour que l'engagé puisse percevoir avant son départ le montant de ses indemnités de déplacement.

A son arrivée au corps, l'engagé remet au chef de corps l'expédition de l'acte d'engagement ainsi que sa feuille de déplacement.

II. — Dispositions particulières.

Elèves des Écoles militaires préparatoires.

Article 13. Les élèves des écoles militaires préparatoires qui ont atteint l'âge nécessaire pour contracter l'engagement prévu par la loi du 19 juillet 1884 reçoivent le certificat d'aptitude du commandant de l'école.

S'ils atteignent l'âge de 18 ans pendant la durée des vacances ou au cours d'un congé, ce certificat peut leur être délivré par le commandant d'un bureau de recrutement ou par un chef de corps.

S'ils atteignent l'âge de 18 ans au cours de leur passage dans un centre de spécialisation, *ledit* certificat leur est délivré par le commandant du centre d'instruction où ils sont détachés.

Dans le cas où ils ne sont pas reconnus aptes au service, *l'officier supérieur*, devant lequel ils se sont présentés, leur délivre un certificat ainsi conçu :

L'enfant de troupe (nom et prénoms) de l'école militaire préparatoire de , né le , à , fils de , et de , s'est présenté le , pour contracter un engagement de cinq ans et, après avoir subi la visite médicale, n'a pas été reconnu apte au service armé pour (motif de l'inaptitude).

A , le , 192 .

Le

Ces jeunes gens ont la faculté de s'engager à toute époque de l'année pour le corps de leur choix.

Enfants de troupe, non élèves des écoles militaires préparatoires.

Article 14. Les dispositions du précédent paragraphe relatives à la délivrance d'un certificat en cas d'inaptitude reconnue au service armé sont applicables aux enfants de troupe non entrés dans les écoles militaires préparatoires.

Régiment de sapeurs-pompiers.

Article 15. Les engagements pour ce corps sont reçus suivant la règle générale, avec le consentement du chef de corps. Toutefois, les candidats doivent justifier des conditions prévues par l'instruction du 10 février 1908, volume 74, article 187 et l'instruction du 30 janvier 1925, volume 68[2].

Bataillons d'infanterie légère.

Article 16. Les jeunes gens ayant encouru l'une des condamnations visées par l'article 5 de la loi de recrutement ne sont pas admis à contracter un engagement, même au titre des bataillons d'infanterie légère.

Lorsque des hommes non visés par l'article 5 de la loi de recrutement demandent à s'engager pour les bataillons d'infanterie légère, les autorités chargées de constituer les dossiers appellent tout spécialement leur attention sur la composition particulière de ces corps et leur font remarquer qu'ils pourraient servir dans des corps de troupe ordinaires.

Si ces hommes persistent dans leur intention, ces autorités exigent d'eux une déclaration écrite par laquelle ils reconnaissent avoir eu connaissance de cette disposition et s'engagent à servir dans *lesdits* bataillons pendant toute la durée de leur engagement.

Compagnies de cavaliers de remonte.

Article 17. Les compagnies de cavaliers de remonte peuvent recevoir directement des engagés dans les conditions ordinaires.

Escadrons d'autos-mitrailleuses de cavalerie.

Article 18. Il n'est pas reçu d'engagement directement au titre de ces unités.

Toutefois, le jeune homme qui désire servir dans un escadron d'autos-mitrailleuses comme engagé contracte son engagement au titre du corps de cavalerie auquel est rattachée l'unité d'autos-mitrailleuses qu'il a choisie.

L'autorité qui a constitué le dossier prévient ensuite le chef de ce corps que l'engagé a demandé à être affecté à l'unité d'autos-mitrailleuses de cavalerie qu'il administre. Il est fait droit à cette demande.

Escadrons ou compagnies autonomes du train.

Article 19. L'engagement est contracté au titre de l'escadron ou de la compagnie autonome, sans indication de subdivision (service hippomobile ou automobile). Il est reçu jusqu'à concurrence du pourcentage fixé à l'article 2 ci-dessus.

A son arrivée au corps, l'engagé est affecté suivant ses aptitudes aux formations hippomobiles ou automobiles.

Il ne doit, en aucun cas, être employé comme secrétaire d'état-major.

Aéronautique.

Article 20. Les engagements au titre des corps de troupe de l'aéronautique (aviation ou aérostation) sont soumis aux règles communes à tous les engagements dans les troupes métropolitaines. Toutefois, les candidats à l'engagement au titre des formations d'aviation (régiments ou groupes d'aviation formant corps, groupes et compagnies formant corps d'ouvriers d'aéronautique) doivent obtenir, au préalable, le consentement prévu à l'article 7 ci-dessus. Pour les compagnies formant le 1er groupe d'ouvriers d'aéronautique, les engagements sont contractés au titre de ce groupe; l'acte spécifie, en outre, la compagnie. Cette unité, ainsi que la garnison où elle est stationnée, doivent être indiquées dans le consentement délivré par le chef de corps. Les engagés sont dirigés directement sur cette unité.

Les jeunes gens désireux de s'engager dans le but d'être admis, soit dans le personnel navigant (élèves pilotes, élèves mitrailleurs ou élèves radiotélégraphistes en avion, etc.), soit dans certaines spécialités (élèves mécaniciens, etc.), doivent satisfaire à des conditions particulières; ces conditions leur sont indiquées par le commandant du bureau de recrutement auquel elles sont notifiées sous le timbre de la Direction de l'Aéronautique (1).

Régiments ou bataillons formant corps de sapeurs télégraphistes.

Article 21. Les engagements pour ces corps sont reçus suivant la règle générale, avec le consentement du chef de corps. Pour les 8e et 18e régiments du génie, les engagements sont contractés au titre de ces régiments; l'acte mentionne, en outre, le bataillon. Ce bataillon, ainsi que la garnison où il est stationné,

---

(1) Voir instruction du 9 août 1928.

doivent être indiqués dans le consentement délivré par le chef de corps. Les engagés sont dirigés directement sur cette unité.

Section de commis et ouvriers militaires d'administration et sections d'infirmiers militaires.

Article 22. Les engagements au titre de ces sections sont reçus suivant la règle générale, avec le consentement du chef de corps et jusqu'à concurrence du pourcentage fixé à l'article 2 ci-dessus.

Jeunes gens désirant servir dans certaines fractions de corps.

Article 23. Le jeune homme qui désire servir dans une fraction détachée d'un corps de troupe, à l'exception du 1er groupe d'ouvriers d'aéronautique et des 8e et 18e régiments du génie (voir articles 20 et 21 ci-dessus), contracte son engagement au titre de ce corps de troupe. L'autorité qui a constitué le dossier indique ensuite au chef de corps que l'engagé a demandé à servir dans telle fraction détachée de son corps. Il est fait droit à cette demande dans toute la mesure du possible.

Essai professionnel des candidats à l'engagement pour les unités d'ouvriers (instruction du 25 juin 1910, *Bulletin officiel*, volume 63).

Article 24. Les jeunes gens désireux de s'engager pour servir dans les unités d'ouvriers, doivent faire la preuve de leur aptitude professionnelle.

Ils se présentent à cet effet pour subir leur essai dans un des établissements énumérés ci-après :

Candidats à l'engagement :

a) Dans les bataillons ou compagnies autonomes d'ouvriers d'artillerie :

Parcs régionaux d'artillerie; Parcs annexes d'artillerie; Entrepôts de réserve générale et du matériel; Dépôt de matériel automobile; Manufacture nationale d'armes; Ateliers de construction; Ateliers de fabrication;	de la métropole, d'Algérie-Tunisie; du Maroc.

b) Dans les compagnies d'ouvriers de chars de combat :

Soit dans un des établissements d'artillerie énumérés ci-dessus;

Soit dans un des établissements d'artillerie spécialisés dans l'entretien des chars de combat, c'est-à-dire les parcs de brigade de chars et leurs annexes-magasins.

c) Dans les compagnies d'ouvriers du génie (1er, 5e et 8e régiments).

Compagnies d'électro-mécaniciens (1er, 4e, 9e régiments).

Compagnies de réparation de voie de 60 (15e régiment).

Compagnies de pontonniers spécialisés dans le remorquage (17e régiment).

Soit dans les dépôts de matériel du génie, de matériel de télégraphie militaire ou de matériel de chemin de fer fonctionnant auprès des portions centrales ou des bataillons détachés des corps de troupe du génie.

Soit, dans les établissements centraux de matériel ressortissant du génie, savoir :

Etablissement central du matériel de guerre du génie de Versailles;

Etablissement central du matériel spécial du génie à Paris;

Etablissement central du matériel de télégraphie militaire à Paris;

Etablissement central du matériel de radiotélégraphie militaire à Paris;

Etablissement central du matériel de chemins de fer à Versailles.

d) Dans les formations d'aéronautique :

Dans les parcs des régiments ou groupes d'aviation et des régiments d'aérostation suivant les dispositions prévues par l'instruction du 20 mai 1922 (1).

Il est délivré aux candidats, s'il y a lieu, un certificat conforme au modèle n° 2 annexé à l'instruction du 25 juin 1910 (*Bulletin officiel*, volume 63).

Les autorités chargées de la constitution des dossiers d'engagement, après s'être assurées que le certificat qui leur est présenté porte la mention « Bon (ou très bon ouvrier) », le rendent au titulaire dont il est la propriété. Elles délivrent aux intéressés, s'ils sont reconnus propres au service armé, et sans exiger de condition de taille, un certificat d'aptitude physique.

---

(1) Abrogée et remplacée par l'instruction du 9 août 1928.

Jeunes gens provenant des établissements d'éducation correctionnelle.

Article 25. Les jeunes gens provenant des établissements d'éducation correctionnelle qui ont été acquittés par les tribunaux comme ayant agi sans discernement par application de l'article 66 du Code pénal, peuvent, après leur libération, s'engager pour un corps quelconque; mais, quel que soit leur domicile légal, ils ne doivent pas être admis à s'engager dans des régiments stationnés dans le gouvernement militaire de Paris.

Hommes condamnés avec sursis.

Article 26. Les hommes qui ont bénéficié du sursis prévu par la loi du 26 mars 1891, sauf ceux condamnés pour avoir fait métier de souteneur, peuvent s'engager au titre d'un corps quelconque comme les autres jeunes gens.

Toutefois, en cas d'inconduite grave durant leur présence sous les drapeaux, ils peuvent être envoyés dans un bataillon d'infanterie légère dans les conditions fixées par le 2e alinéa de l'article 101 de la loi du 31 mars 1928.

Consentement du représentant légal.

Article 27. Lorsque le père d'un jeune homme âgé de moins de 20 ans et désireux de s'engager a disparu depuis longtemps, le consentement qu'il devait donner peut être suppléé par celui de la mère; à ce consentement devra être joint un acte de notoriété, constatant l'absence du père, établi par le juge de paix du lieu où l'ascendant avait son dernier domicile connu, et contenant la déclaration de quatre témoins appelés d'office par le juge de paix (1).

En cas de divorce ou de séparation de corps, le consentement de celui des époux auquel la garde de l'enfant a été confiée est nécessaire et suffisant. Mais l'engagé doit produire, avec le consentement exigé, la copie du jugement qui a prononcé le divorce ou la séparation.

Si le père et la mère sont tous deux disparus, le consentement est donné par le tuteur provisoire désigné par le conseil de famille. Dans ce cas, le tuteur peut délivrer son consentement sans y être autorisé par délibération du conseil de famille.

Pour un enfant adopté légalement, il est donné par l'adoptant.

Pour un enfant désigné au paragraphe 3 de l'article 2 de la loi du 27 juin 1904, le consentement à l'engagement est donné par le directeur de l'assistance publique dans le département de la Seine, par le préfet dans les autres départements.

En ce qui concerne les jeunes gens placés sous la surveillance

(1) Nouvelle rédaction.

d'un patronage, le consentement à l'engagement est délivré exclusivement par le représentant légal de l'intéressé.

Le consentement n'est pas exigé lorsqu'il s'agit de jeunes gens qui n'ont ni père, ni mère, ni tuteur, ou qui ne sont pas pupilles de l'assistance publique et qui sont dans l'impossibilité de réunir un conseil de famille.

Pour un mineur émancipé, le consentement est remplacé par une copie certifiée de l'acte d'émancipation (1).

Le consentement, n'étant nécessaire que pour permettre à un jeune homme de s'engager, ne doit pas, en principe, contenir d'indication de durée; d'ailleurs, une indication de cette nature ne saurait être une cause de nullité de l'engagement.

Omis.

Article 28. Le jeune homme qui a été omis sur les tableaux de recensement peut être admis à contracter l'un des engagements prévus par l'article 2 de la présente instruction, sous la seule réserve qu'il réunisse les conditions exigées. Toutefois, l'engagement n'est reçu que pour une durée au moins égale à celle que l'intéressé doit accomplir comme appelé.

Ajournés, exemptés, réformés définitifs n° 1 ou n° 2.

Article 29. Les ajournés et les exemptés (ces derniers jusqu'à l'âge de 32 ans accomplis) peuvent contracter l'un des engagements prévus à l'article 2 ci-dessus, sous réserve que leur aptitude physique au service armé ou auxiliaire soit constatée par une commission de réforme.

Il en est de même des réformés définitifs n° 1 ou n° 2 qui possèdent la faculté de contracter un engagement pendant tout le temps où ils auraient dû être présents sous les drapeaux pour l'accomplissement de leur service actif légal s'ils n'avaient pas été réformés.

Pour ces trois catégories, le certificat d'aptitude physique peut être remplacé par un extrait de la décision de la commission de réforme qui a constaté l'aptitude physique de l'intéressé.

L'homme qui a été réformé temporairement n'est pas admis à s'engager.

Engagés mis en réforme temporaire n° 2.

Article 30. L'engagé qui est réformé temporairement n° 2 dans les conditions prévues au dernier alinéa de l'article 61 de la loi possède la faculté de renoncer au bénéfice de son contrat sous réserve du remboursement de la prime qu'il a perçue.

(1) Nouvelle rédaction.

Il adresse, à cet effet, une demande à son chef de corps qui, aussitôt que la prime d'engagement a été remboursée, prononce la décision suivante : « Engagement résilié le
, conformément au dernier alinéa de l'article 61 de la loi du 31 mars 1928. » Il en informe le commandant du bureau de recrutement et l'intendant militaire qui a reçu l'engagement.

L'engagé suit le sort des hommes de sa classe d'âge en ce qui concerne ses obligations d'activité et le temps pendant lequel il a été effectivement présent sous les drapeaux lui sera déduit de la durée du service actif légal auquel il peut encore être astreint.

Jeunes gens en sursis d'incorporation.

Article 31. Les jeunes gens en sursis d'incorporation peuvent être admis à contracter l'un des engagements prévus à l'article 2 ci-dessus à la condition de joindre à leur demande une déclaration de renonciation au sursis qui leur a été accordé.

Ils peuvent renoncer au sursis à toute époque de l'année.

Jeunes gens français, sauf faculté de répudiation ou susceptibles d'acquérir la qualité de Français à l'âge de 21 ans, sauf faculté de décliner cette qualité dans l'année qui suit leur majorité.

Article 32. Les jeunes gens qui, en vertu des lois sur la nationalité, sont Français de naissance, sauf faculté de répudier la nationalité française au cours de leur 22e année, ou acquièrent la qualité de Français à l'âge de 21 ans, sauf faculté de décliner cette qualité dans l'année qui suit leur majorité, doivent, pour pouvoir contracter un engagement, produire, outre les pièces prévues à l'article 4 ci-dessus, une déclaration d'intention de conserver ou de réclamer la qualité de Français.

Cette déclaration est effectuée par l'intéressé, avec l'assistance, ou du moins l'autorisation expresse de son représentant légal, tel qu'il est déterminé par l'article 3, alinéa 2 de la loi du 10 août 1927 sur la nationalité. Elle est établie en présence de l'autorité chargée de la constitution du dossier, sur papier libre et en double expédition. La première expédition est conservée, annexée à la minute de l'acte d'engagement, la seconde est adressée au commandant du bureau de recrutement intéressé en même temps que l'exemplaire de l'acte d'engagement.

Cette déclaration est conforme au modèle n° 2 annexé à la présente instruction.

Etat numérique des engagements contractés au cours de l'année.

Article 33. Les commandants des bureaux de recrutement adressent le 20 janvier de chaque année au Ministre (Direction de l'Infanterie, 2e Bureau), un état numérique des engagements contractés au cours de l'année précédente.

Cet état est conforme au modèle n° 3 annexé à la présente instruction.

Immatriculation des engagés.

Article 34. Les hommes admis à contracter un engagement peuvent être classés, au point de vue de l'immatriculation, en deux catégories :

1° Hommes non immatriculés :

a) Jeunes gens qui, en raison de leur âge, n'ont pas encore été recensés;

b) Etrangers (engagés au titre de la légion étrangère).

Ces hommes n'ont pas encore été immatriculés au moment où ils contractent leur engagement et ne peuvent être à ce moment inscrits sur un registre matricule.

2° Hommes immatriculés :

a) Jeunes gens qui figurent déjà sur la liste de recrutement cantonal de leur classe (engagés entre les opérations du recensement et leur appel sous les drapeaux);

b) Hommes ajournés, réformés ou exemptés.

Ces hommes figurent déjà, au moment où ils contractent leur engagement, sur un registre matricule.

Les engagés qui, au moment où ils contractent leur engagement, ne sont pas encore ou ne peuvent être immatriculés sur un registre matricule, sont inscrits provisoirement sur la liste matricule.

Les engagés inscrits à la liste matricule sont rayés de cette liste quand ils ont été immatriculés définitivement au registre matricule.

Les étrangers engagés au titre de la légion étrangère sont simplement rayés de la liste matricule à l'expiration de leur engagement.

La liste matricule sur laquelle est immatriculé l'engagé est celle de la fraction de classe dont l'incorporation a suivi immédiatement la signature du son contrat (1).

(1) Nouvelle rédaction.

L'engagé est inscrit sur la liste matricule de la subdivision où il a son domicile légal, au moment où il contracte l'engagement.

Pour les jeunes gens qui n'ont pas encore été recensés, cette subdivision est celle :

a) *Du domicile* de leurs parents ou tuteur, si ceux-ci sont en France ou en Afrique du Nord;

b) *Du lieu de naissance* en France ou en Afrique du Nord, si leurs parents sont à l'étranger ou dans une colonie autre que l'Afrique du Nord;

c) *Du canton* où l'engagement a été souscrit s'ils sont nés à l'étranger ou dans une colonie, lorsque leurs parents ou tuteurs ne résident pas en France ou dans l'Afrique du Nord.

Les jeunes gens engagés sur le territoire de l'armée française du Rhin sont immatriculés dans la subdivision du domicile légal des parents, en France ou en Afrique du Nord, ou si les parents se sont fixés dans un autre pays, dans une subdivision du choix des intéressés.

Dans le cas où ces derniers n'indiquent pas de préférence, ils sont inscrits à Paris (bureau central de recrutement de la Seine).

Pour les étrangers engagés à la légion étrangère, cette subdivision est celle où ils ont contracté l'engagement.

Dès qu'un acte d'engagement a été souscrit, l'intendant militaire en adresse une expédition au commandant du bureau de recrutement dans la subdivision duquel l'engagement est contracté. Cet officier supérieur procède immédiatement à l'immatriculation si celle-ci doit être faite sur la liste matricule de sa subdivision; il établit, en même temps, la fiche d'affectation, ainsi que la fiche matriculaire de mobilisation, le livret matricule et le livret individuel qu'il adresse au corps intéressé au plus tard trois jours après la réception de l'acte. Il classe dans ses archives l'expédition de l'acte qu'il a reçue.

Si l'immatriculation doit être faite dans une autre subdivision, le commandant de recrutement adresse cette expédition au commandant du bureau de recrutement de la subdivision visée ci-dessus, lequel procède à l'immatriculation comme il vient d'être indiqué plus haut.

Lorsque, à la suite des opérations de révision de sa classe d'âge ou de la classe avec laquelle il est recensé, l'engagé est immatriculé définitivement au registre matricule, toutes les indications qui figuraient sur la liste matricule (signalement, ser vices, mutations, etc.) sont reportées au registre. Dans le cas où l'engagé a été inscrit sur la liste matricule d'une autre subdivision que celle où il est recensé, le commandant du bureau de recrutement du lieu de recensement avise son collègue de la radiation à opérer sur la liste matricule et lui demande, en même temps, de lui adresser la fiche d'affectation, mise à jour, et les pièces d'archives de l'intéressé.

Lorsque l'engagé est sous les drapeaux, au moment de son immatriculation définitive, son livret individuel, son livret matricule et sa plaque d'identité, sa fiche matriculaire de mobilisation, sa fiche de position, sont complétés par les soins de son corps auquel le commandant du bureau de recrutement qui vient d'inscrire celui-ci sur son registre matricule adresse les indications nécessaires : classe, subdivision, canton de recensement, numéro à la liste de recrutement cantonal et numéro au registre matricule du recrutement.

Si l'engagé a déjà été renvoyé dans ses foyers, au moment de son immatriculation définitive, son livret individuel est complété à la diligence du commandant du bureau de recrutement qui adresse en outre au centre de mobilisation les mêmes renseignements nécessaires pour compléter les pièces matricules.

Les engagés qui au moment où ils contractent leur engagement sont déjà immatriculés sur le registre matricule ne sont pas immatriculés à nouveau; les indications relatives à leur engagement sont portées sur le registre matricule, où ils figurent déjà, à leur subdivision d'origine et c'est au commandant de ce bureau qu'est transmise l'expédition de leur acte d'engagement.

DOCUMENTS ABROGÉS.

Toutes dispositions contraires concernant les engagements dans les troupes métropolitaines sont abrogées.

MODÈLES

e RÉGION — PLACE D (1)

MODÈLE N° 1. — Article 6 de l'Instruction du 20 juin 1928.

(1) Indication du bureau de recrutement, corps ou détachement.

REGISTRE DE VISITE MÉDICALE DES CANDIDATS A L'ENGAGEMENT OU AU RENGAGEMENT.

NUMÉRO D'ORDRE.	NOM ET PRÉNOMS.	DATE DE NAISSANCE.	DOMICILE DES PÈRE, MÈRE OU TUTEUR.	RÉSIDENCE.	PROFESSION.	TAILLE.	PÉRIMÈTRE THORACIQUE.	POIDS.	DATE DE LA VISITE.	CORPS CHOISI ET DURÉE DE L'ENGAGEMENT ou du rengagement.	SIGNALEMENT SOMMAIRE, couleur des yeux et des cheveux. Marques particulières.	ANNOTATIONS MÉDICALES ET RÉSULTAT (acceptation ou refus) de la visite médicale.	SIGNATURE DU MÉDECIN QUI A VISITÉ LE CANDIDAT.	OBSERVATIONS.

° RÉGION

PLACE D

MODÈLE N° 2.

Article 32 de l'Instruction du 20 juin 1928.

(1) Nom et prénoms.
(2) Prénoms du père.
(3) Nom et prénoms de la mère.
(4) La signature du représentant légal n'est pas exigée lorsque celui-ci a donné son autorisation par écrit.
(5) Dans le cas prévu par l'article 2 de la loi du 10 août 1927 : « de conserver la qualité de Français » ; dans le cas prévu par l'article 3 de la même loi : « de réclamer la qualité de Français ».
(6) Cas prévu par l'article 2 de la loi du 10 août 1927 : « vouloir conserver la qualité de Français » cas prévu par l'article 3 de la même loi : « vouloir réclamer la qualité de Français »

RÉPUBLIQUE FRANÇAISE.

DÉCLARATION D'INTENTION.

(5)

Je soussigné (1)
né le à
département de fils de (2)
de nationalité et de (3)
de nationalité
déclare, dûment autorisé par mon représentant légal, participer volontairement aux opérations du recrutement dans les conditions déterminées par les lois militaires et (6)

Fait à , le

Signature de l'intéressé :

Signature du représentant légal (4).

° RÉGION

MODÈLE N° 3.

Article 33 de l'Instruction du 20 juin 1928.

Bureau de recrutement de

ÉTAT numérique des engagements contractés par des Français pendant l'année .

DÉSIGNATION DES ARMES OU SERVICES pour lesquels les engagements ont été contractés.	NOMBRE D'ENGAGEMENTS CONTRACTÉS.								TOTAL.	OBSERVATIONS.
	POUR 2 ANS.	POUR 3 ANS.	POUR 4 ANS.	POUR 5 ANS.	PAR DEVANCEMENT d'appel (18 mois).	PAR DEVANCEMENT d'appel (2 ans).	PAR DEVANCEMENT d'appel (art. 34).	AU TITRE des écoles militaires.		
Troupes métropolitaines :										
Infanterie..........										
Cavalerie..........										
Artillerie..........										
Génie..............										
Aéronautique.......										
Train..............										
Sections d'infirmiers.										
Sections de C. O. A.										
TOTAUX.......										
Troupes coloniales :										
Infanterie..........										
Artillerie..........										
Section de C. O. A ou d'infirmiers coloniaux............										
TOTAUX.......										
Equipages de la flotte.										
TOTAUX.......										

A , le 192 .

Le Commandant du bureau de recrutement,

Monsieur le Ministre de la guerre (Direction de l'Infanterie; 2e Bureau).

Circulaire relative aux engagements volontaires.
(Offices de renseignements.)

N° 8615 1/11. Paris, le 29 août 1927.

Les candidats à l'engagement ne peuvent, à l'heure actuelle, recevoir les renseignements qui leur sont nécessaires pour contracter un engagement que dans les bureaux de recrutement.

Il en résulte que, dans la plupart des régions, les intéressés sont obligés d'effectuer des déplacements plus ou moins longs pour se rendre dans une localité où se trouve un bureau de recrutement auprès duquel ils ne peuvent parfois obtenir immédiatement les renseignements désirés par eux.

Cette organisation défectueuse, de nature à rebuter les candidats à l'engagement, a pour conséquence de faire perdre à l'armée un nombre important d'engagés volontaires et, par ailleurs, aucune mesure sérieuse n'est encore prise pour divulguer les avantages auxquels les engagés volontaires peuvent prétendre et pour provoquer les engagements.

Devant l'impérieuse nécessité de développer d'une façon intensive le courant des engagements en vue de préparer le passage du service de dix-huit mois au service d'un an, il me paraît nécessaire de modifier les errements actuellement en vigueur, afin :

De mettre tous les candidats à l'engagement en mesure d'être éclairés facilement sur les avantages qui leur sont consentis;

De leur faciliter les formalités nécessaires à la constitution du dossier d'engagement et à la signature de leur contrat.

J'ai décidé en conséquence :

1° Que, dans chaque bureau de recrutement et pendant toute la durée de l'ouverture des bureaux, devra fonctionner un service de renseignements assuré par un gradé ou un employé civil très au courant de la question des engagements, et particulièrement bienveillant et affable;

2° Que dans chaque corps de troupe, dans les bureaux de place, les centres mobilisateurs et les brigades de gendarmerie, un des militaires ou employés de ces corps ou de ces bureaux sera spécialement chargé de fournir des renseignements aux candidats à l'engagement volontaire. Une pancarte placée bien en vue et portant la mention « *Engagements volontaires* » « *Renseignements* », sera placée à l'entrée du local où se trouvent habituellement ces militaires ou employés.

Afin de pouvoir renseigner utilement les intéressé ces organes seront dotés :

1° D'affiches et de notices de propagande qui devront être diffusées par leurs soins, d'une manière aussi étendue que possible (mairies, bureaux de postes, places publiques les jours de marché);

2° D'un guide-memento contenant toutes les indications relatives aux avantages offerts aux engagés et aux opérations à effectuer pour contracter un engagement. Il permettra aux différents organes et notamment à un chef de brigade de gendarmerie éloigné de tout bureau de recrutement et de toute garnison, de renseigner et de diriger utilement tout jeune homme qui viendra lui demander conseil.

Ces affiches, notices de propagande et guides-mémentos sont actuellement en voie d'établissement. Les généraux commandants de régions feront connaître, pour le 1er septembre 1927, sous le présent timbre, le nombre d'affiches, de notices et de guides-mémentos dont ils estiment avoir besoin. Ces documents leur seront ultérieurement adressés.

Afin de permettre aux généraux commandants de régions de faire face aux frais d'installation des organes de renseignements et aux frais d'apposition des affiches, une somme de 10.000 francs prélevée sur le crédit pour la propagande prévue par la loi du 16 juillet 1927 est mise dès à présent à la disposition de chacun d'eux. Les dépenses seront imputées au chapitre 32 du budget (crédits supplémentaires).

Les dispositions destinées à faciliter aux engagés volontaires les formalités nécessaires à la constitution du dossier d'engagement et la signature de leur contrat feront l'objet d'une circulaire spéciale.

Les généraux commandants de région me rendront compte, sous le présent timbre, pour le 1er novembre 1927, de l'exécution des prescriptions ci-dessus auxquelles j'attache la plus haute importance. Ils indiqueront, en même temps, les moyens de propagande, autres que ceux indiqués ci-dessus, mis en œuvre dans leur région pour intensifier le courant des engagements.

Circulaire relative aux mesures à prendre pour éviter que les jeunes gens paraissant atteints de débilité mentale puissent être admis à s'engager.

N° 8843 2/1. Paris, le 7 août 1926.

Il arrive parfois que des jeunes gens ne jouissant pas de la plénitude de leurs facultés se présentent, cependant, dans les bureaux de recrutement pour demander à s'engager.

Au cours de l'examen médical préalable à l'engagement, tous les cas particuliers de débilité mentale ne sont pas toujours faciles à déceler, et le certificat d'aptitude physique peut être délivré à ces jeunes gens intellectuellement incapables de servir. Le plus souvent, en effet, ils doivent être mis en observation, quelques jours après leur incorporation, puis réformés.

Pareils faits sont nuisibles à tous égards et, notamment, aux intérêts du Trésor; il convient, dans la mesure du possible, d'éviter qu'ils se produisent.

A cet effet, lorque les commandants des bureaux de recrutement se trouveront en présence d'un candidat qui leur paraîtra, sinon anormal, du moins faible d'esprit, ils devront suspendre la délivrance du certificat d'aptitude physique.

Ils demanderont au maire de la localité où réside le candidat, tous renseignements utiles sur les antécédents de ce dernier; ils ne délivreront le certificat d'aptitude que si l'intéressé n'est pas considéré comme atteint de débilité mentale.

Instruction fixant les conditions dans lesquelles les hommes exclus de l'armée pourront être autorisés à contracter un engagement pour la durée de la guerre.

N° 7 2/10. Paris, le 20 juin 1928.

Conformément aux prescriptions de l'article 64 de la loi du 31 mars 1928 sur le recrutement de l'armée, les hommes exclus de l'armée pourront être autorisés, en temps de guerre, à contracter, au titre des bataillons d'infanterie légère, un engagement valable pour la durée des hostilités.

Afin de ne pas introduire dans l'armée des éléments de trouble, seuls pourront être admis à contracter l'engagement susvisé les exclus réunissant les conditions ci-après exposées :

a) Hommes incorporés dans les sections d'exclus d'activité ou de mobilisation.

Devront compter au moins trois mois de présence dans ces sections et avoir témoigné, pendant cette période, par leur conduite et leur travail, d'une volonté manifeste de rentrer dans la bonne voie.

b) Exclus de l'armée élargis des établissements pénitentiaires civils au cours des hostilités.

Seront incorporés, suivant la classe à laquelle ils appartiennent dans une section d'exclus d'activité ou de mobilisation et ne pourront être admis à contracter un engagement qu'après avoir accompli le temps d'épreuve prévu au paragraphe *a*) ci-dessus.

c) Exclus de l'armée appartenant à des classes définitivement libérées de toute obligation militaire.

Devront avoir accompli au moins six mois de service militaire effectif et avoir donné, par leur conduite depuis leur élargissement, des preuves d'amendement certain.

Pour l'application de ces prescriptions, les commandants des sections d'exclus adresseront au général commandant la région dont ils relèvent les demandes formulées par les exclus placés sous leurs ordres. Ces demandes devront être accompagnées, pour chaque intéressé :

1° D'un état signalétique et des services;

2° D'un relevé des punitions encourues à la section;

3° D'un certificat constatant l'aptitude à faire campagne.

Les généraux commandant les régions transmettront au Ministre (Direction de la Justice militaire, Bureau de la Justice militaire) les dossiers ainsi constitués après y avoir consigné leur avis personnel.

Ils transmettront dans les mêmes conditions, après enquête sur la conduite des intéressés depuis leur sortie de prison, les demandes qui leur seraient adressées par les exclus dans leurs foyers (paragraphe *c*).

Après incorporation dans les bataillons d'infanterie légère, les exclus qui n'auraient pas accompli trois mois au moins de service militaire effectif ne pourront être envoyés aux armées qu'après un minimum de trois mois de présence dans ces bataillons.

Loi autorisant les sujets tunisiens à contracter des engagements volontaires dans les corps français de l'armée métropolitaine et coloniale et dans l'armée de mer.

Paris, le 13 avril 1910.

Le Sénat et la Chambre des députés ont adopté,

Le Président de la République promulgue la loi dont la teneur suit :

Article unique. Les sujets tunisiens sont autorisés à contracter, dans les corps français de l'armée métropolitaine et coloniale stationnés en France, et dans l'armée de mer, des engagements volontaires de trois, quatre ou cinq ans, dans des conditions qui seront fixées par décret.

La présente loi, délibérée et adoptée par le Sénat et par la Chambre des députés, sera exécutée comme loi de l'Etat.

Fait à Paris, le 13 avril 1910.

A. FALLIÈRES.

Par le Président de la République :

Le Ministre de la guerre, BRUN.

Le Ministre des affaires étrangères, S. PICHON.

Le Ministre de la marine, DE LAPEYRÈRE.

Décret pour l'application, dans l'armée de terre, de la loi du 13 avril 1910, autorisant les engagements volontaires des sujets tunisiens.

Paris, le 28 juin 1910.

RAPPORT AU PRÉSIDENT DE LA RÉPUBLIQUE FRANÇAISE.

Monsieur le Président,

J'ai l'honneur de soumettre à votre signature le projet de décret que j'ai fait préparer pour l'application, en ce qui concerne l'armée de terre, de la loi du 13 avril 1910 qui autorise les sujets tunisiens à contracter des engagements volontaires dans les corps français de l'armée métropolitaine et coloniale et dans l'armée de mer.

J'ai cru devoir limiter aux corps métropolitains et coloniaux stationnés dans les 15e et 16e régions les corps susceptibles de recevoir les engagés volontaires au titre de la loi du 13 avril 1910, tant dans le but de réduire les dépenses d'application de la loi que pour placer les intéressés dans des garnisons dont le climat se rapproche le plus de celui de leur pays d'origine.

J'ajoute que les dispositions du projet de décret ci-joint ont reçu l'adhésion de M. le Ministre des affaires étrangères.

DÉCRET.

Le Président de la République française,

Vu la loi du 21 mars 1905 sur le recrutement de l'armée (1);

Vu la loi du 13 avril 1910, autorisant les sujets tunisiens à contracter des engagements volontaires dans les corps français de l'armée métropolitaine et coloniale et dans l'armée de mer;

Vu le décret du 27 juin 1905, relatif aux engagements volontaires dans les troupes métropolitaines (2);

Vu le décret du 25 août 1905, relatif aux engagements et rengagements dans les troupes coloniales;

Sur le rapport du Ministre de la guerre,

---

(1) Remplacée par la loi du 31 mars 1928.
(2) Remplacé par le décret du 11 avril 1928.

Décrète :

Art. 1er. Les corps français de la métropole dans lesquels les sujets tunisiens peuvent s'engager au titre de la loi du 13 avril 1910 sont les suivants :

1° Corps de troupe d'infanterie, de cavalerie, d'artillerie, du génie et du train des équipages militaires de l'armée métropolitaine stationnés dans les 15e et 16e régions de corps d'armée;

2° Régiments d'infanterie et d'artillerie coloniales en garnison sur le territoire des deux régions précitées.

Dans l'intérêt du service, l'autorité militaire pourra toujours, dans l'intérieur des 15e et 16e régions, prononcer d'office le changement de corps d'un sujet tunisien engagé volontaire.

Art. 2. Le sujet tunisien qui demande à contracter un engagement volontaire doit :

1° Etre âgé de 18 ans au moins et de 30 ans au plus. L'âge est constaté dans les formes usitées en Tunisie ;

2° Etre reconnu apte physiquement, par un médecin militaire, au service armé dans l'arme ou la subdivision d'arme qu'il a choisie ;

3° N'avoir encouru aucune des condamnations visées aux articles 4 et 5 de la loi du 21 mars 1905, modifiée par celle du 11 avril 1910 (1); et être, de plus, reconnu de bonne moralité, à la suite de rapports établis par le contrôleur civil ou le chef du bureau des affaires indigènes de sa résidence;

4° Justifier qu'il parle couramment le français et écrit cette langue.

A défaut du certificat d'études primaires ou d'un diplôme d'un ordre plus élevé, cette justification pourra être faite, soit par une attestation du contrôleur civil ou du chef du bureau des affaires indigènes de la résidence de l'intéressé, soit par le moyen d'un examen de conversation parlée et de rédaction écrite, en présence de l'autorité militaire qualifiée pour recevoir l'engagement.

Art. 3. L'engagement est d'une durée de trois, quatre ou cinq ans. Il est reçu, en présence de deux témoins français, par les sous-intendants militaires ou, à défaut, par les suppléants légaux de ces fonctionnaires, désignés par le général commandant la division d'occupation de Tunisie.

---

(1) Remplacés par les articles 4 et 5 de la loi du 31 mars 1928.

Art. 4. Avant la signature de l'acte, le sous-intendant donne lecture à l'engagé ;

1° De l'article 3 de la loi du 21 mars 1905 (1);

2° Des articles 1, 6 et 7 du présent décret ;

3° De l'article 83 de la loi du 21 mars 1905, complété par la loi du 25 mars 1909 (2);

4° De l'acte d'engagement.

Art. 5. L'acte d'engagement souscrit au titre des troupes métropolitaines est conforme au modèle annexé au décret du 27 juin 1905 (3), mis en harmonie toutefois avec les indications du présent décret, en ce qui a trait aux déclarations à faire et pièces à produire par l'engagé, ainsi qu'aux dispositions dont lecture doit lui être obligatoirement donnée.

Les actes d'engagement souscrits au titre des troupes coloniales ne pourront être reçus que sous la forme résiliable prévue par le décret du 25 août 1905.

Art. 6. Quelle qu'en soit la durée, l'engagement volontaire contracté dans les conditions stipulées ci-dessus ne donne droit, en aucun cas, aux avantages ci-après, assurés aux engagés français par la loi du 21 mars 1905 (4).

Haute paye journalière ;

Prime d'engagement ;

Dispense d'une ou deux périodes d'exercices ;

Emploi civil,

alors même que l'intéressé aurait acquis la nationalité française avant sa libération.

Art. 7. Les règlements relatifs au service et à la discipline militaires sont applicables aux engagés de nationalité tunisienne pendant leur présence sous les drapeaux.

Ces militaires ne peuvent obtenir de l'avancement, au cours de leur service actif, qu'à partir du moment où ils sont naturalisés français.

Art. 8. Le Ministre de la guerre est chargé de l'exécution du présent décret, qui sera inséré au *Bulletin des lois* et au *Journal officiel* de la Tunisie.

---

(1) Remplacé par l'article 3 de la loi du 31 mars 1928.
(2) Remplacé par l'article 90 de la loi du 31 mars 1928.
(3) Remplacé par le décret du 11 avril 1928.
(4) Remplacée par la loi du 31 mars 1928.

Circulaire relative à la fourniture des imprimés d'actes d'engagement.

N° 11858 2/1. Paris, le 3 septembre 1928.

Les imprimés d'actes d'engagement prévus par le décret du 11 avril 1928 sont inscrits à la nomenclature générale des imprimés fournis à charge de remboursement sous les rubriques suivantes :

N° 1015. Acte d'engagement (modèle n° 1);

N° 1016. Acte d'engagement provisoire (modèle n° 2);

N° 1017. Acte d'engagement spécial dit de devancement d'appel (modèle n° 3);

N° 1018. Acte d'engagement pour la durée de la guerre (modèle n° 4).

TITRE II.

Dispositions relatives à l'élément étranger et indigène.

Engagement des Français ou étrangers à la légion étrangère.

Les dispositions relatives à ces engagements sont insérées dans le volume n° 63 de l'édition méthodique (Organisation de l'armée, 2e partie, cadres et effectifs).

Engagements des indigènes de l'Afrique du Nord dans les régiments de tirailleurs et de spahis.

Les dispositions relatives à ces engagements sont insérées dans le volume 68^7 de l'édition méthodique (actuellement en préparation).

TITRE III.

Engagements dans l'armée de mer.

Les dispositions relatives aux engagements dans les équipages de la flotte sont contenues dans la brochure à l'usage des autorités maritimes et militaires éditée par le ministère de la marine (Direction du Personnel militaire de la flotte, Bureau des Equipages de la flotte, Section du Recrutement et des réserves). Cette brochure, qui contient les *textes législatifs et réglementaires* concernant le recrutement de l'armée de mer (édition de 1928), a été adressée aux généraux commandant les régions en un nombre d'exemplaires suffisant pour que les commandants des bureaux de recrutement, intendants militaires et Offices de renseignements, puissent en être pourvus.

NOTA. — Toute demande de renseignements, brochures, notices, tracts, affiches, etc., doit être adressée à M. le Ministre de la marine (Direction du Personnel militaire de la flotte; Bureau des Equipages de la flotte).

TABLE DES MATIÈRES DE LA PREMIÈRE PARTIE

ENGAGEMENTS VOLONTAIRES.

TITRE PREMIER.

Dispositions relatives aux engagements dans l'armée métropolitaine.

DISPOSITIONS GÉNÉRALES.

Pages.

Instruction du 17 avril 1928 relative aux engagements spéciaux dits de devancement d'appel.

CHAPITRE Ier.

ENGAGEMENT SPÉCIAL DIT DE DEVANCEMENT D'APPEL POUR UNE DURÉE ÉGALE AU TEMPS DU SERVICE ACTIF.

Jeunes gens titulaires du brevet de préparation militaire élémentaire, du brevet militaire de pilote d'avion ou du certificat d'aptitude à l'emploi de mécanicien militaire d'aéronautique :

Articles.

TITRE II.

TITRE III.

DEUXIÈME PARTIE.

Rengagements (1).

Décret autorisant le rengagement par procuration des militaires employés dans les régions sahariennes.

Paris, le 7 janvier 1904.

Le Président de la République française,

Sur le rapport du Ministre de la guerre,

Vu les articles 62 et 66 combinés de la loi du 15 juillet 1889 (2), aux termes desquels les rengagements militaires sont contractés dans les formes prescrites par les articles 34 à 40, 42 et 44 du Code civil pour les actes de l'état civil ;

Vu l'article 36 du Code civil ainsi conçu :

« Dans le cas où les parties intéressées ne seront point obligées de comparaître en personne, elles pourront se faire représenter par un fondé de procuration spéciale et authentique » ;

Vu la loi du 8 juin 1893 (art. 1er) relative aux actes de procuration dressés aux armées ;

Décrète :

Art. 1er. Les militaires employés dans les régions sahariennes qui seront admis à contracter un rengagement pourront se faire

---

(1) Les dispositions concernant les troupes coloniales en matière de rengagement (corps de troupe européens, mixtes et indigènes) sont contenues dans le volume n° 2 de l'édition méthodique spécial aux troupes coloniales.

(2) Remplacés par les articles 67 et 72 de la loi du 31 mars 1928.

représenter devant le sous-intendant militaire par un fondé de pouvoirs muni d'une procuration spéciale dressée par l'officier commandant le détachement.

Les actes de procuration et de rengagement seront conformes aux modèles A et B annexés au présent décret.

Art. 2. Le Ministre de la guerre est chargé de l'exécution du présent décret.

MODÈLES

MODÈLE A.

PROCURATION [1].

L'an mil neuf cent , le
étant à , devant nous
, commandant le détachement de
agissant en conformité de la loi du 8 juin 1893, a comparu N... lequel, en présence de et de
nous a déclaré donner mandat à G...
de comparaître devant l'intendant militaire de et de déclarer au nom dudit N... :

1° Que celui-ci veut souscrire un rengagement de ans au (2) dans les conditions prévues par l'article de (3) ;

2° Qu'il promet de continuer à servir avec fidélité et honneur et de rester sous les drapeaux pendant l'espace de ans à compter du

Dont acte et le comparant a signé avec nous, après lecture, ainsi que les témoins susdésignés.

[Signatures (4).]

(1) Cette procuration peut être rédigée sur papier libre, mais elle doit être ensuite timbrée à l'extraordinaire ou par l'apposition d'un timbre mobile.

Elle ne peut être valablement utilisée qu'après avoir été enregistrée.

(2) Désigner le corps au titre duquel le rengagement doit être souscrit.

(3) Suivant le cas : loi du 31 mars 1928, décret du 14 septembre 1864 (régiments étrangers), décret du 25 août 1905 (troupes coloniales), décret du 7 septembre 1926 (indigènes nord-africains), etc.

(4) La signature doit être légalisée par un fonctionnaire de l'intendance ou par un officier du commissariat des troupes coloniales (par le médecin-chef si l'acte a été dressé dans un hôpital ou une formation sanitaire militaire).

MODÈLE B.

ACTE DE RENGAGEMENT.

(1) Nom de la personne qui a reçu procuration.
(2) Grade, nom, prénoms et corps du militaire.
(3) Corps au titre duquel le rengagement doit être souscrit.
(4) Nom et grade du chef de détachement qui a dressé la procuration.

L'an mil neuf cent , le à heures, , s'est présenté devant nous, Intendant militaire résidant à , M (1) , lequel nous a déclaré, au nom du (2) :

1° Que celui-ci veut souscrire un rengagement de ans, au (3) dans les conditions prévues par l'article de (note 3 de la procuration, modèle A);

2° Qu'il promet de continuer à servir avec fidélité et honneur et de rester sous les drapeaux pendant l'espace de ans, à compter du et, à cet effet, nous a présenté :

1° Une procuration reçue le par (4)

2° (Autres pièces prescrites par les lois, décrets et règlements.)

Nous, Intendant militaire, après avoir reconnu la régularité des pièces produites par M (1) avons reçu le rengagement du (2) dans les conditions spécifiées par la procuration de celui-ci, laquelle restera annexée au présent acte.

Lecture faite à M. (1) (fondé de pouvoirs) du présent acte, il a signé avec nous.

L'Intendant militaire
ou
L'Officier suppléant,

Le Fondé de pouvoirs,

Décret relatif au rengagement des caporaux et soldats servant au titre français dans les régiments étrangers.

Paris, le 4 août 1906.

Le Président de la République française, sur le rapport du Ministre de la guerre, vu les articles 54 et 92 de la loi du 21 mars 1905 (1) :

Décrète :

Article 1er. Les rengagements des caporaux et soldats servant au titre français dans les régiments étrangers sont renouvelables jusqu'à une durée totale de quinze années de service.

Article 2. Le Ministre de la guerre est chargé de l'exécution du présent décret.

Loi fixant la composition des conseils de régiment prévus par l'article 54 de la loi du 21 mars 1905 sur le recrutement de l'armée (1).

Paris, le 14 avril 1906.

Le Sénat et la Chambre des députés ont adopté.

Le Président de la République promulgue la loi dont la teneur suit :

Art. 1er. Les conseils de régiment prévus par l'article 54 de la loi du 21 mars 1905 (1) sur les rengagements des militaires de toutes armes, seront constitués aux portions principales et aux fractions détachées comptant au moins deux compagnies, escadrons ou batteries.

Ils comprendront, au minimum, quatre membres.

Le président sera le chef de corps ou de détachement.

Art. 2. La composition détaillée des conseils de régiment sera fixée par décret rendu en la forme d'un règlement d'administration publique.

Art. 3. Les dispositions antérieures contraires à la présente

---

(1) Remplacé par l'article 67 de la loi du 31 mars 1928.

loi et notamment l'article 1er de la loi du 13 juillet 1894 et le tableau y annexé, sont abrogés.

La présente loi, délibérée par le Sénat et la Chambre des députés, sera exécutée comme loi de l'Etat.

Décret fixant la composition détaillée des conseils de régiment.

Paris, le 26 février 1926.

RAPPORT AU PRÉSIDENT DE LA RÉPUBLIQUE FRANÇAISE.

Monsieur le Président,

Le décret du 8 février 1907, rendu en application de l'article 2 de la loi du 14 avril 1906, a fixé la composition des conseils de régiment appelés à statuer sur les demandes de rengagement des sous-officiers, brigadiers, caporaux et soldats de toutes armes et à émettre un avis sur les demandes d'emplois civils formées par ces militaires.

La nomenclature des corps désignés dans le tableau annexé au décret susvisé, déjà modifiée par les décrets des 21 mai 1910, 11 novembre 1913 et 23 avril 1921, ne correspond plus aux formations actuelles de l'armée; il a paru nécessaire de la compléter.

D'autre part, l'article 42 de la loi du 8 janvier 1925 sur l'organisation des cadres des réserves prévoit que le conseil de régiment aura à donner son consentement à l'admission des officiers de réserve à servir en situation d'activité pendant une longue durée.

J'ai, en conséquence, l'honneur de présenter à votre haute approbation, après l'avoir soumis à l'examen du Conseil d'Etat, le projet de décret ci-joint, fixant la composition détaillée des conseils de régiment.

Veuillez agréer, Monsieur le Président, l'hommage de mon respectueux dévouement.

Le Ministre de la guerre,
Paul PAINLEVÉ.

DÉCRET.

Le Président de la République française,
Sur le rapport du Ministre de la guerre;

Vu la loi du 14 avril 1906 (article 2) fixant la composition des conseils de régiment;

Vu la loi du 1er avril 1923, sur le recrutement de l'armée (articles 67 et 68) (1);

Vu la loi du 18 juillet 1924, réservant des emplois aux militaires des armées de terre et de mer engagés et rengagés, commissionnés ou appartenant au cadre de maistrance (article 8);

Vu la loi du 8 janvier 1925 sur l'organisation des cadres des réserves (article 42);

Vu le décret du 8 février 1907, fixant la composition détaillée des conseils de régiment, modifié les 21 mai 1910, 11 novembre 1913 et 23 avril 1921;

Le Conseil d'Etat entendu,

Décrète :

Article 1er. La composition des conseils de régiment appelés :

1° A statuer sur les demandes de rengagement des sous-officiers, brigadiers, caporaux ou soldats de toutes armes, et à émettre un avis sur les demandes d'emplois civils formées par ces militaires (2);

2° A donner un avis sur l'acceptation des demandes des officiers de réserve à servir en situation d'activité;

Est fixée par le tableau annexé au présent décret.

Article 2. Dans le cas prévu à l'article 42 de la loi du 8 janvier 1925, où le conseil est appelé à donner son avis sur les demandes d'officiers de réserve, la composition du conseil sera modifiée, s'il y a lieu, de façon que tous ses membres aient un grade au moins égal à celui de l'officier en cause, et, à grade égal, une ancienneté de service au moins égale.

Article 3. Les décrets des 8 février 1907, 21 mai 1910, 11 novembre 1913 et 23 avril 1921 sont abrogés.

Article 4. Le Ministre de la guerre est chargé de l'exécution du présent décret, qui sera publié au *Journal officiel* de la République française.

---

(1) Remplacée par l'article 67 de la loi du 31 mars 1928.

(2) D'après l'article 67 de la loi du 31 mars 1928, le conseil de régiment ne doit statuer que pour les demandes de rengagement des sous-officiers. C'est le chef de corps qui statue pour les demandes de rengagement des militaires non sous-officiers, ainsi que pour les demandes de commission de toute nature.

TABLEAU ANNEXÉ AU DÉCRET DU 26 FÉVRIER 1926

DÉSIGNATION DU CORPS.	PRÉSIDENT.	MEMBRES.
Régiment ou portion principale du régiment...............	Le chef de corps...	2 off. supérieurs (1) 3 capitaines (2).
Bataillon et groupe formant corps (3) Escadron du train...............	Le chef de corps...	2 capitaines (2). 1 lieutenant ou sous-lieutenant.
Fraction détachée d'un régiment comptant au moins 2 compagnies, 2 escadrons de cavalerie ou 2 batteries (4)...................... Fraction détachée d'un bataillon comptant au moins 2 compagnies ou 2 batteries (4).......... Fraction détachée d'un escadron du train comptant au moins 2 compagnies (4) .... Groupe de plusieurs compagnies détachées de régiments, bataillons ou escadrons du train différents......................... Groupe de plusieurs batteries détachées de régiments ou bataillons différents................. Groupe de plusieurs escadrons de cavalerie détachés de régiments différents......................	L'officier commandant le détachement ou le groupe.	2 capitaines (2) 1 lieutenant ou sous-lieutenant.
Compagnie formant corps (5)...... Escadron de cavalerie formant corps......................... Batterie formant corps............ Compagnie d'ouvriers d'artillerie coloniale formant corps.........	Le chef de corps...	1 capitaine. 2 lieutenants ou sous-lieutenants.
Artillerie de division de cavalerie.	Le chef de corps...	1 off. supérieur (1) 2 capitaines (2).
Groupes d'escadrilles formant corps (6)......................	Le chef de corps...	2 capitaines (2). 1 lieutenant ou sous-lieutenant.
Groupes d'ouvriers d'aéronautique (6)......................	Le chef de corps...	1 off. supérieur. 2 capitaines (2).
Fraction détachée d'un régiment ou d'un groupe d'ouvriers d'aéronautique comportant au moins 2 escadrilles ou compagnies (6).......	L'officier commandant le détachement.	2 capitaines (2). 1 lieutenant.
Compagnie d'ouvriers d'aéronautique formant corps (6).....	Le chef de l'établissement sous l'autorité supérieure duquel est placée la compagnie....	Le commandant de la compagnie. 2 offic. de l'arme.

DÉSIGNATION DU CORPS.	PRÉSIDENT.	MEMBRES.
Compagnie de météorologie.......	Le chef du service météorologique militaire........	Le commandant de la compagnie 2 lieutenants ou sous-lieutenants.
Compagnie affectée au fonctionnement d'un établissement spécial de l'aéronautique.............. Employés dans un service ou établissement spécial de l'aéronautique.	Le chef de l'établissement ou service	Le commandant de la compagnie 2 lieutenants ou sous-lieutenants désignés par le chef du service général du ravitaillement en matériel d'aviation pour les établissements placés sous son autorité et dans les autres cas par le chef de l'établissement ou du service.
Services et établissements spéciaux de l'aéronautique (7)...........	Le chef de l'établissement ou du service.............	1 officier de l'établissement ou du service. 1 officier de l'arme. 1 officier d'administration.
Etablissements rattachés aux régiments, écoles, centres d'instruction et services de l'aéronautique.	Le commandant du régiment, de l'école (8) ou du centre d'instruction (8) ou le chef de service.............	Le chef de l'établissement. 1 officier de l'arme. 1 officier d'administration.
Corps autonome des sous officiers secrétaires d'état-major et du recrutement, section des secrétaires d'état-major coloniaux (10 *bis*).	Le chef de corps...	1 capitaine (9). 2 lieutenants (10).
Section de commis et ouvriers militaires d'administration .... Section de commis et ouvriers militaires d'admisistration des troupes coloniales...	Le sous-intendant militaire sous l'autorité duquel est placée la section.............	1 capitaine (11). 1 adjoint à l'intendance. L'officier d'administration commandant la section.
Section d'infirmiers militaires.. .. Section d'infirmiers militaires des troupes coloniales.............	Le médecin principal ou major de 1re classe sous l'autorité duquel est placée la section.	1 capitaine. 1 médecin-major de 2e classe (12). L'officier d'administration commandant la section.

DÉSIGNATION DU CORPS.	PRÉSIDENT.	MEMBRES.
Section des télégraphistes coloniaux	Le chef de corps...	1 capitaine. 2 lieutenants (10 ter).
Etablissements de l'artillerie......	Le chef de l'établissement..........	1 officier et 1 officier d'administration pris dans le personnel de l'établissement ou, à défaut, dans celui de l'établissement d'artillerie le plus voisin 1 officier d'un corps de troupe d'artillerie ou, à défaut, un officier d'une autre arme pris dans la garnison.
Chefferie du génie................	Le directeur du génie dont relève la chefferie.........	Le chef du génie ou l'officier du génie le plus ancien dans le grade le plus élevé affecté à la chefferie. 1 officier d'administration de la chefferie. 1 officier d'un corps de troupe du génie ou, à défaut, un officier d'une autre arme pris dans la garnison.
Etablissements centraux du génie (13).........................	Le directeur du matériel dont relève l'établissement..	Le chef de l'établissement ou l'officier du génie le plus ancien dans le grade le plus élevé affecté à l'établissement. 1 officier d'un corps de troupe du génie ou, à défaut, un officier d'une autre arme pris dans la garnison. 1 officier d'administration de l'établissement.

DÉSIGNATION DU CORPS.	PRÉSIDENT.	MEMBRES.
Écoles militaires..................	Le commandant de l'Ecole..........	3 officiers, dont le commandant en second s'il en existe un.
Tribunaux militaires..............	Le commissaire du Gouvernement ou, s'il est un officier en retraite, le major de la garnison........	Le rapporteur du Conseil ou, s'il est un officier en retraite, un capitaine. 1 capitaine, l'officier d'administration greffier.
Prisons militaires..................	Le major de la garnison............	2 capitaines. 1 officier d'administration du service de la justice militaire
Ateliers de travaux publics, pénitenciers militaires ou dépôt de sections métropolitaines d'exclus	Le commandant de l'établissement s'il est en activité et s'il est d'un grade supérieur ou à grade égal, d'une ancienneté supérieure à l'ancienneté de grade du capitaine, membre du conseil ; à défaut, 1 officier supérieur............	Le commandant de l'établissement s'il n'est pas président, 1 capitaine, l'officier d'administration comptable ou aide-comptable ; si le commandant de l'établissement est président, il est désigné 2 capitaines.
Service géographique de l'armée..	Le directeur du service géographique de l'armée..	3 officiers du service géographique.

OBSERVATIONS GÉNÉRALES.

Les membres du conseil sont pris, autant que possible, dans le corps de troupe, la fraction ou le groupe d'unités auquel appartient l'intéressé. En cas de nécessité, les officiers supérieurs peuvent être remplacés par les capitaines qui les remplacent régulièrement et les capitaines par des lieutenants.

Le chef de corps ou de service ou l'officier commandant le détachement ou le groupe est, en cas d'absence ou d'empêchement, remplacé dans les fonctions de président, par l'officier qui le supplée.

Le président a voix prépondérante en cas de partage des voix.

RENVOIS DU TABLEAU ANNEXE.

(1) Le lieutenant-colonel et le chef de bataillon ou d'escadron ou commandant du groupe dont relève le militaire, si ces officiers ne sont ni détachés, ni absents, ni empêchés.

(2) Dont le capitaine de l'unité (compagnie, escadron ou batterie) à laquelle appartient le militaire, s'il n'est détaché, ni absent, ni empêché. S'il ne siège pas au conseil, il envoie un rapport écrit contenant son avis motivé.

(3) Dans les bataillons d'ouvriers d'artillerie, à défaut d'officiers de la formation, le conseil de régiment est complété à l'aide d'officiers soit du parc d'artillerie, soit d'un autre corps de troupe de la garnison.

(4) Sont considérées comme détachées, bien que stationnées dans la même place, les unités qui ne sont pas placées sous l'autorité du chef de corps.

(5) Dans les groupes et compagnies de cavaliers de remonte, le conseil a comme président le commandant du dépôt de remonte auquel appartient le groupe ou compagnie et, comme membres, trois officiers (capitaines ou lieutenants), dont l'officier commandant le groupe ou la compagnie.

Dans les compagnies d'ouvriers de chars de combat, à défaut d'officiers de la formation, le conseil de régiment est complété à l'aide d'officiers, soit du parc annexe de chars de combat, soit d'un régiment de chars de combat de la garnison.

Aux colonies, les membres du conseil de régiment sont pris, au besoin, parmi les officiers de la garnison à quelque arme qu'ils appartiennent.

Dans l'impossibilité de constituer un conseil composé des quatre membres prévus par la loi du 14 avril 1906, les affaires de la compagnie de la Guyane et de la compagnie de la Guadeloupe seront soumises au conseil de régiment de la compagnie de la Martinique; celles de la compagnie des cipayes de l'Inde seront soumises au conseil de régiment du 11e régiment d'infanterie coloniale.

Aux colonies, le chef de corps des compagnies d'ouvriers d'artillerie coloniale est le directeur de l'artillerie.

(6) Dans les corps ou formations d'aviation ou d'aéronautique, lorsque le rengagement doit être contracté pour être employé, soit dans l'un des services d'une école ou centre d'instruction de l'aéronautique militaire, soit dans un parc rattaché à un régiment, à un groupe d'aviation, à une école ou à un centre d'instruction, l'un de ces officiers est obligatoirement, soit un officier désigné par le commandant de l'école ou du centre d'instruction, soit le commandant du parc. Si cet officier est détaché ou absent, ou empêché, il fournit un rapport écrit donnant son avis motivé.

(7) Conseil de régiment spécial aux employés militaires.

(8) Peut être remplacé par le commandant en second.

(9) Si cet officier est empêché ou qu'il remplace en qualité de président le chef du corps autonome empêché, il est remplacé par un capitaine appartenant à l'état-major du gouvernement militaire de Paris ou à défaut par un capitaine pris dans un corps de troupe.

(10) Appartenant à l'état-major du gouvernement militaire de Paris ou pris dans un corps de troupe.

(10 *bis*) Les membres du conseil sont pris au besoin parmi les officiers des troupes coloniales de la garnison de Paris.

(10 *ter*) Les membres du conseil sont pris au besoin parmi les officiers des troupes coloniales de la garnison de Toulon.

(11) S'il n'y a pas d'adjoint à l'intendance dans la place où siège le conseil, cet officier est remplacé par un capitaine pris dans un corps de troupe.

(12) S'il n'y a pas de médecin-major de 2e classe dans la place où siège le conseil, cet officier est remplacé par un capitaine pris dans un corps de troupe.

(13) Pour le dépôt du matériel du génie, de télégraphie militaire, de chemins de fer, le conseil de régiment est celui du corps auprès duquel fonctionne le dépôt du matériel considéré.

Feuille de renseignements concernant l'application du décret du 26 février 1926 fixant la composition des conseils de régiment.

N° 13109 K. Paris, le 13 décembre 1926.

QUESTIONS.	RÉPONSES.
1° Dans quelles conditions le conseil de régiment doit-il examiner les demandes de rengagement ou de commission ?	1° Dans les conditions fixées par l'article 67 de la loi de recrutement du 31 mars 1928 (1).
2° Dans quelles conditions le conseil de régiment intervient-il au sujet des demandes d'emplois civils ?	2° Dans les conditions fixées par l'article 8 de la loi du 18 juillet 1924.
3° Quel est le conseil de régiment compétent pour le groupe d'escadrons d'autos-mitrailleuses de cavalerie ?	3° Le conseil de régiment du régiment de rattachement est compétent dans ce cas.
4° Les membres du conseil de régiment pour une compagnie affectée au fonctionnement d'un établissement spécial de l'aéronautique sont-ils obligatoirement désignés par le chef du service général du ravitaillement en matériel d'aviation ?	4° Le chef du service général du ravitaillement en matériel d'aviation peut déléguer ses pouvoirs aux chefs de service locaux, relevant de son autorité.
5° A quelle catégorie de personnel s'applique l'expression « Les employés dans un service ou établissement spécial de l'aéronautique » ?	5° Aux militaires employés dans le service ou établissement.

Recours hiérarchique au Ministre de la guerre contre toute décision portant refus du consentement du conseil de régiment à l'égard d'un militaire en activité de service candidat à un emploi réservé.

Extrait de la loi du 18 juillet 1924 (insérée au volume 36 de l'édition méthodique) :

« Article 8. Au commencement de chaque trimestre, les chefs de corps ou de services ou les commandants de subdivision

(1) Nouvelle rédaction.

de région adressent au Ministre des pensions les dossiers des candidats. Pour les militaires en activité de service, même s'ils sont bénéficiaires de la loi du 30 janvier 1923, les dossiers ne sont transmis que lorsque le temps de service du candidat doit prendre fin dans le trimestre qui s'ouvrira trois mois plus tard. Le consentement du conseil de régiment du corps où sert le candidat est toujours exigé. Ce consentement doit être, le cas échéant, renouvelé en même temps que la demande. Toutefois, le droit de recours hiérarchique au Ministre de la guerre contre toute décision portant refus du consentement est ouvert à l'intéressé. »

Nota. — Le recours est transmis dans les conditions prévues par l'article 28 de l'instruction du 28 juillet 1928 relative aux rengagements dans les troupes métropolitaines.

Décret relatif aux rengagements, comme hommes de troupe, des officiers de réserve institués par l'article 24 de la loi du 21 mars 1905 (1).

Paris, le 21 septembre 1911.

Le Président de la République française,

Vu l'ordonnance du 16 mars 1838;

Vu la loi du 21 mars 1905 (2);

Sur le rapport du Ministre de la guerre,

Décrète :

Art. 1er. Les officiers de réserve provenant des élèves officiers de réserve institués par la loi du 21 mars 1905 et par l'article 14 de la loi du 7 août 1913 (2), qui désirent continuer à servir adressent au Ministre (Bureau de l'Arme) une demande à l'effet d'être autorisés à contracter un rengagement.

Les officiers de cette catégorie, qui ont obtenu cette autorisation et qui sont acceptés par un conseil de régiment, sont admis à se rengager comme sergents ou maréchaux des logis suivant l'arme à laquelle ils appartiennent.

L'ancienneté de grade de sous-officier qui leur sera attribuée datera du jour de l'entrée au peloton des élèves officiers de ré-

---

(1) Remplacé par l'article 33 de la loi du 31 mars 1928.
(2) Remplacée par la loi du 31 mars 1928.

serve, ou du jour de la nomination au grade de sous-officier, pour ceux de ces jeunes gens qui auront été réellement nommés à ce grade, antérieurement à l'entrée aux cours spéciaux (1).

Les officiers de réserve provenant des grandes écoles civiles énumérées à l'article 23 de la loi du 21 mars 1905 (2), qui désirent continuer à servir, sont admis à bénéficier des dispositions qui précèdent avec une ancienneté dans le grade de sous-officier égale au temps passé dans l'armée active avec le grade de sous-officier ou avec celui de sous-lieutenant de réserve. Les dispositions des articles 2 et 3 du présent décret leur sont également applicables (3).

Art. 2. A défaut de vacances de sous-officiers rengagés, ils peuvent être admis, aux mêmes conditions, à se rengager, dans les troupes métropolitaines, comme caporaux ou brigadiers ou, dans les troupes coloniales, comme soldats ou canonniers.

Dans ces deux derniers cas, lorsque les intéressés obtiennent le grade de sous-officier, ils bénéficient de l'ancienneté de grade qui leur aurait été accordée s'ils avaient pu être admis à rengager comme sous-officier.

Art. 3. Ils adressent l'offre de démission de leur grade en y joignant un récépissé de reversement au Trésor du montant de l'indemnité de première mise qui leur a été allouée.

Décret relatif à l'ancienneté à attribuer aux officiers de réserve institués par l'article 24 de la loi du 21 mars 1905 (4), qui désirent contracter un rengagement comme hommes de troupe après avoir servi en qualité d'officiers de réserve au Maroc.

Paris, le 2 janvier 1913.

Le Président de la République française,

Sur le rapport du Ministre de la guerre;

Vu l'ordonnance du 16 mars 1838, portant règlement sur la progression de l'avancement et la nomination aux emplois dans l'armée;

---

(1) Article remplacé par le décret du 14 janvier 1914, *B. O.*, p. 76.
(2) Remplacé par l'article 31 de la loi du 31 mars 1928.
(3) Alinéa ajouté par le décret du 27 avril 1912, *B. O.*, p. 625.
(4) Remplacé par l'article 33 de la loi du 31 mars 1928.

Vu la loi du 21 mars 1905 (1), sur le recrutement de l'armée;

Vu le décret du 21 septembre 1911, relatif aux rengagements, comme hommes de troupe, des officiers de réserve institués par l'article 24 de la loi du 21 mars 1905.

Décrète :

Art. 1er. Les officiers de réserve provenant des élèves officiers de réserve, institués par l'article 24 de la loi du 21 mars 1905 (2), qui désirent contracter un rengagement, comme hommes de troupe, après avoir servi en qualité d'officiers de réserve au Maroc, au delà de la durée légale du service actif, bénéficient, indépendamment de l'ancienneté prévue aux 2e et 3e alinéas de l'article 1er du décret du 21 septembre 1911, d'une majoration d'ancienneté dans le grade de sous-officier, égale au temps passé par eux au Maroc.

Art. 2. Le Ministre de la guerre est chargé de l'exécution du présent décret qui sera publié au *Journal officiel.*

Instruction concernant les rengagements prévus pour les troupes métropolitaines par les articles 67, 70, 72 *et* 73 *de la loi du* 31 *mars* 1928 *relative au recrutement de l'armée.*

Paris, le 28 juillet 1928.

Durée des rengagements.

Article 1er. *a) Sous-officiers.* — Les sous-officiers en activité, du service armé et du service auxiliaire (y compris les maîtres ouvriers en possession d'un grade de sous-officier), peuvent contracter, avec le consentement du conseil de régiment dans lequel ils doivent servir, et sauf recours hiérarchique au Ministre de la guerre contre le refus de ce consentement, un rengagement de six mois, un an, dix-huit mois, deux, trois et quatre ans, renouvelable jusqu'à une durée totale de cinq ans de service.

Le sous-officier rengagé qui, dans sa cinquième année de service, ne peut compléter cinq ans de service par un rengagement

---

(1) Remplacée par la loi du 31 mars 1928.

(2) Remplacé par l'article 33 de la loi du 31 mars 1928.

de six mois, est autorisé à contracter un rengagement pour la durée, en mois et jours, qui sépare la fin de son dernier rengagement de celle de sa cinquième année de service.

Après cinq ans de service, les sous-officiers, à l'exception des maîtres-ouvriers, ne peuvent continuer à servir qu'en vertu de la loi du 30 mars 1928 relative au statut des sous-officiers de carrière.

Les sous-officiers libérés comptant, en une ou plusieurs fois, moins de cinq années d'interruption de service (1) (2), peuvent contracter un ou plusieurs rengagements portant le total de leurs services à cinq années. La durée de ces rengagements est d'un an au moins.

b) *Caporaux-chefs, brigadiers-chefs, caporaux, brigadiers ou soldats.* — Ces militaires, qu'ils soient du service armé ou du service auxiliaire, en activité de service, peuvent contracter, avec le consentement du chef du corps dans lequel ils doivent servir, et sauf recours hiérarchique au Ministre de la guerre contre le refus de ce consentement, un rengagement de six mois, un an, dix-huit mois, deux, trois, quatre ans, renouvelable jusqu'à une durée totale de quinze ans de service.

Le militaire rengagé non sous-officier qui, dans sa quinzième année de service, ne peut compléter quinze ans de service par un rengagement de six mois, est autorisé à contracter un rengagement pour la durée, en mois et jours, qui sépare la fin de son dernier rengagement de celle de sa quinzième année de service.

Les militaires libérés, non sous-officiers, comptant, en une ou plusieurs fois, moins de cinq années d'interruption de service (1) (2), peuvent contracter des rengagements dans les conditions fixées par le premier alinéa du présent paragraphe.

c) *Militaires incorporés dans les bataillons d'infanterie légère.* — La durée des rengagements successifs que peuvent contrac-

---

(1) La durée de l'interruption de service doit être décomptée du jour de la radiation des contrôles de l'activité au jour, exclusivement, de la remise de la demande de rengagement.

(2) La circulaire n° 7442 1/11, du 28 juillet 1928, insérée au *Bulletin officiel*, partie semi-permanente, page 867, prescrit que les dispositions de l'avant-dernier alinéa de l'article 67 ne seront temporairement pas appliquées. Il y aura donc lieu d'accepter, jusqu'à nouvel ordre, les rengagements des militaires libérés comptant plus de cinq années d'interruption de service, sous réserve que les intéressés soient âgés de moins de 32 ans.

(1) Voir renvoi (1) du paragraphe a) ci-dessus.

(2) Voir renvoi (2) du paragraphe a) ci-dessus.

ter les hommes incorporés dans les bataillons d'infanterie légère, au titre de ces corps, est réduite pour chacun de ces rengagements à six mois ou un an.

Délai dans lequel les rengagements doivent être souscrits.

Article 2. Le premier rengagement peut être contracté dès que le candidat, servant comme appelé ou engagé, compte six mois de service. Toutefois, s'il s'agit de militaires du service auxiliaire servant comme appelés ou engagés, le rengagement ne doit être souscrit qu'au cours du dernier semestre du service légal ou du contrat d'engagement. Si, au cours de leur contrat, ces derniers militaires viennent à être classés dans le service armé, ils terminent leur rengagement dans ce service.

Les rengagements ultérieurs sont souscrits à toute époque de la dernière année du rengagement en cours ou des trois derniers mois s'il s'agit d'un rengagement qui a été contracté pour six mois.

Toutefois, lorsqu'il s'agit d'un rengagement pour une autre arme ou un autre corps, le rengagement ne doit être souscrit que dans les six mois qui précèdent l'expiration du contrat en cours. Exception est faite, cependant, à l'égard des militaires rengagés désignés ou volontaires pour les théâtres d'opérations extérieurs, pour les missions à l'étranger ou mis à la disposition du Ministre des colonies pour servir hors de la métropole. Ces militaires peuvent contracter leur rengagement avant leur départ, quelle que soit la durée restant à courir sur leur contrat en cours.

Certificat d'aptitude physique.

Article 3. La visite médicale est assurée dans les conditions prescrites par l'instruction du 30 janvier 1925 (*Bulletin officiel*, volume 68²) sur l'aptitude au service militaire.

Le certificat d'aptitude est conforme au modèle n° 1 annexé à la présente instruction. A moins d'inaptitude constatée, il est valable pour quinze jours.

S'il s'agit d'un militaire libéré dont, exceptionnellement, le contrat n'aurait pu être signé dans ce délai, l'intéressé est soumis à une nouvelle visite médicale au moment de la signature de son rengagement.

Pour un candidat appartenant au service auxiliaire, le certificat indique que l'intéressé est apte à ce service.

Lorsque le médecin ne croit pas devoir délivrer le certificat d'aptitude physique, le candidat a le droit de se faire contre-visiter dans les formes réglementaires devant une commission de réforme, dans les conditions fixées par l'instruction sur le fonctionnement de ces commissions. Le cas échéant, le certificat d'aptitude est remplacé par un extrait de la décision de la commission de réforme ayant reconnu l'intéressé apte au service armé ou auxiliaire.

Dépôt et examen des demandes des militaires en activité de service.

Article 4. Les demandes de rengagement doivent être écrites et signées par les pétitionnaires.

Les demandes des militaires présents dans les corps de troupe sont remises par eux au commandant de leur unité, celui-ci l'adresse au chef de bataillon, d'escadrons, etc. Cette demande portant avis de ces deux autorités est transmise au chef de corps avec l'état signalétique et des services, le relevé de punitions et le certificat d'aptitude physique.

Quelle que soit la durée des rengagements à souscrire, les candidats doivent, pour être admis, avoir été acceptés au préalable, par le conseil de régiment constitué conformément au tableau annexé au décret du 26 février 1926 s'ils sont sous-officiers; par le chef de corps s'ils sont caporaux-chefs, brigadiers-chefs, caporaux, brigadiers ou soldats.

Le résultat de la délibération du conseil est consigné sur un mémoire de proposition du modèle n° 2 annexé à la présente instruction et qui est conservé par le corps.

Les présidents des conseils de régiment (chefs de corps ou commandants de fractions détachées) tiennent, en outre, un registre à souche des autorisations de rengagement du modèle n° 3 annexé à la présente instruction qu'ils délivrent en exécution des décisions de ces conseils. Chaque feuillet de ce registre est divisé en trois parties semblables pouvant se détacher suivant un pointillé. L'une forme talon, la deuxième est remise à l'intéressé et la troisième à l'autorité devant laquelle le militaire aura à se présenter pour souscrire son rengagement. Ce militaire doit conserver, même après la signature de l'acte de rengagement, le feuillet qui lui a été remis et qui constitue sa propriété.

L'autorisation de rengagement délivrée à un caporal-chef, brigadier-chef, caporal, brigadier ou soldat doit être également détachée du registre à souche tenu par le chef de corps.

Aivs à donner aux chefs de corps par le commandant d'une fraction détachée.

Article 5. Avis des rengagements autorisés par le conseil de régiment des fractions détachées ou par le commandant de ces fractions est immédiatement donné au chef de corps.

Réception de l'acte de rengagement.

Article 6. Muni de l'autorisation de rengagement, de son état signalétique et des services, du certificat d'aptitude physique et, s'il s'agit d'un militaire libéré, de l'extrait du casier judiciaire (bulletin n° 2), le candidat se présente devant un intendant militaire ou, à défaut, devant l'officier qui le supplée.

L'acte est conforme au modèle n° 4 annexé à la présente instruction. L'intendant militaire ou l'officier qui le supplée constate l'identité du candidat et lui fait déclarer :

1° La durée de son rengagement;

2° Le corps dans lequel il doit servir.

Cette déclaration est insérée dans l'acte.

En cas de rengagement avec un grade inférieur, l'acte doit mentionner « pour servir dans le (corps) en qualité de (grade) ».

Avant la signature de l'acte, il est donné lecture au candidat :

1° Des articles 67 et 70 de la loi du 31 mars 1928;

2° De l'acte de rengagement.

Les pièces produites par le rengagé restent annexées à la minute de l'acte.

L'acte est établi en trois expéditions; la première est adressée, le jour même, au commandant du bureau de recrutement d'origine; la seconde est adressée au chef de corps ou, s'il s'agit d'un militaire libéré, remise à l'intéressé. La troisième constitue la minute conservée par l'autorité qui a reçu le rengagement.

Les actes de rengagement sont souscrits sur des imprimés conformes au modèle annexé à la présente instruction. Ils sont provisoirement réunis dans un classeur mobile.

La réunion de 250 actes en un registre broché constitue le registre des actes de rengagement. La couverture comporte la mention suivante :

Région. Année.

Sous-Intendance de

REGISTRE N°

des actes de rengagements au titre des troupes métropolitaires reçus pendant la période du au .

Examen des demandes de rengagements avec changement de corps ou d'arme.

Article 7. Les militaires de tous grades peuvent contracter un rengagement, soit au titre du corps dans lequel ils servent ou ont servi, soit au titre d'un autre corps de leur arme ou service, soit au titre d'un corps d'autre arme ou service. Dans le cas où le rengagement est demandé pour un autre corps ou une autre arme, l'avis du *chef de corps* dans lequel le militaire sert ou a servi est obligatoire, le conseil de régiment ne devant pas être consulté en pareil cas. Les gradés conservent leur grade. Toutefois, dans le cas où ils rengagent dans une arme autre que leur arme d'origine, ou dans le régiment de sapeurs-pompiers, s'ils n'y appartiennent déjà, ils peuvent n'être admis à rengager que comme simples soldats. Cette mesure ne peut être appliquée aux gradés des armes ou services dont le corps ou la formation viendrait à être supprimé.

La demande est transmise pour décision au corps dans lequel l'intéressé désire servir; elle est accompagnée des pièces prévues à l'article 4 ci-dessus

La décision prise est aussitôt notifiée au corps de l'intéressé. Le dossier est renvoyé en même temps, ainsi que l'autorisation de rengagement.

En cas de rengagement avec un grade inférieur, le militaire sert avec son nouveau grade dès la signature de son contrat.

Les demandes formulées au titre d'un autre corps ou d'une autre arme par des maîtres ouvriers (tailleurs, cordonniers, bottiers, selliers, bourreliers, armuriers, maréchaux ferrants) sont adressées pour autorisation de rengagement à l'administration centrale (Direction intéressée) avant d'être examinées par le conseil de régiment ou le chef du corps au titre duquel le rengagement est sollicité.

Mise en route des militaires qui se rengagent pour servir dans un autre corps ou une autre arme ou service.

Article 8. Les militaires qui se rengagent pour un corps autre que celui dans lequel ils servent ou pour un corps d'une autre arme ou service sont dirigés sur leur nouveau corps aussitôt après la signature de l'acte. Toutefois, des dérogations peuvent être exceptionnellement apportées à cette disposition par le Ministre (Direction d'Arme) sur la demande motivée de l'autorité militaire intéressée.

Rengagement des officiers de réserve

Article 9. Les officiers de réserve ont la faculté de se rengager comme sous-officiers sous la réserve qu'ils réunissent les conditions prévues par l'article 67 de la loi, qu'ils soient agréés par le conseil de régiment et qu'ils offrent la démission de leur grade d'officier de réserve.

La demande de rengagement accompagnée des pièces réglementaires, de l'avis du conseil de régiment et de l'offre de démission du grade d'officier est envoyée au Ministre (Direction d'Arme) pour autorisation et fixation de l'ancienneté, dans le grade de sous-officier, à attribuer au candidat.

RENGAGEMENT DES MILITAIRES LIBÉRÉS.

Autorités chargées de la constitution des dossiers.

Article 10. Les dossiers de rengagement sont constitués par les commandants des bureaux de recrutement et les chefs de corps. Les chefs de détachement, s'ils sont officiers et s'ils disposent d'un médecin militaire ou d'un médecin civil désigné par l'autorité militaire, peuvent également être appelés à constituer ces dossiers.

Présentation des candidats, visite médicale.

Article 11. Tout candidat comptant en une ou plusieurs fois moins de cinq années d'interruption de service (1) qui se présente à un office de renseignements, bureau de recrutement, corps de troupe, bureau de place, centre mobilisateur, brigade de gendarmerie, muni de son livret militaire et de son fascicule de mobilisation, est soumis, dans les vingt-quatre heures, soit au bureau de recrutement, soit au corps ou détachement le plus voisin, à la visite du médecin militaire ou, à défaut, du médecin civil désigné par l'autorité militaire. Il lui est délivré, le cas échéant, un certificat d'aptitude physique du modèle n° 1, annexé à la présente instruction.

Le résultat de la visite médicale doit figurer sur le registre de visite médicale prévu par l'article 6 de l'instruction du 20 juin 1928 relative aux engagements dans les troupes métropolitaines.

---

(1) Voir renvois (1) et (2) de l'article 1er ci-dessus.

Constitution du dossier de rengagement.

Article 12. Dès qu'un candidat est reconnu apte à la visite médicale, l'autorité prévue à l'article 10 ci-dessus établit son dossier qui doit comprendre :

1° La demande de l'intéressé;

2° Le certificat d'aptitude physique;

3° L'état signalétique et des services, complété, s'il y a lieu, par l'indication de la situation de famille (marié ou non);

4° Le relevé des punitions;

5° L'avis du chef du corps dans lequel le candidat a servi en dernier lieu;

6° L'extrait du casier judiciaire (bulletin n° 2).

Cette autorité réclame les pièces indiquées aux alinéas 3° et 4° au corps d'affectation ou centre de mobilisation mentionné sur le fascicule de mobilisation. La pièce numérotée 5° est demandée au chef de corps indiqué par l'intéressé. Les autorités militaires doivent répondre dans les quarante-huit heures. L'extrait du casier judiciaire est demandé au parquet du lieu de naissance dans les conditions prévues par l'arrêté du 17 décembre 1923 (*Bulletin officiel*, volume 59²).

La constitution d'un dossier de rengagement doit être achevée dans un délai maximum de dix jours (1).

Examen des demandes.

Article 13. Le dixième jour au plus tard, le dossier est transmis au corps au titre duquel le candidat désire se rengager. Ce dossier est examiné par le conseil de régiment (sous-officier), par le chef de corps (militaires non sous-officiers). Une décision doit être prise dans les quarante-huit heures et le dossier revêtu de la décision prise est renvoyé avec l'autorisation nécessaire à l'autorité qui a constitué le dossier.

---

(1) S'il s'agit d'un sous-officier libéré demandant à se rengager au titre du corps autonome des sous-officiers secrétaires d'état-major et de recrutement le dossier doit être complété par la mention du résultat de l'examen que le commandant du bureau de recrutement doit faire subir au candidat (article 10 de l'intruction du 22 octobre 1926, *Bulletin officiel*, *page* 2717).

Dans le cas d'un militaire libéré, qui demande à se rengager comme maître-ouvrier (tailleurs, cordonniers, bottiers, selliers, bourreliers, armuriers, maréchaux ferrants), le dossier est adressé à l'administration centrale, comme il est indiqué au dernier alinéa de l'article 7 ci-dessus.

Signature de l'acte.

Article 14. L'acte de rengagement doit, en principe, être signé dans les quinze jours qui suivent la date à laquelle le candidat s'est mis en instance de rengagement. Si, exceptionnellement, il ne peut en être ainsi, le contrat doit être signé dans le délai le plus court.

Le candidat muni des pièces prévues à l'article 6 de la présente instruction est présenté par les soins de l'autorité qui a constitué le dossier à l'intendant militaire ou à l'officier qui le supplée.

L'acte est reçu dans les conditions prévues à l'article 6 ci-dessus.

Mise en route des rengagés.

Article 15. Dès que le rengagé le désire, et au plus tard le surlendemain de la signature de l'acte, il est mis en route sur le corps ou service dans lequel il doit servir.

Indépendamment d'une expédition de son acte de rengagement, le rengagé reçoit de l'intendant militaire ou de l'officier qui le supplée une feuille de déplacement et un mandat de payement des indemnités de déplacement auxquelles il a droit.

L'intendant militaire ou l'officier qui le supplée prend toutes dispositions pour que le rengagé puisse percevoir avant son départ le montant de ses indemnités de déplacement.

A son arrivée au corps, le rengagé remet au chef de corps l'expédition de l'acte de rengagement ainsi que sa feuille de déplacement.

Dispositions à prendre dans le cas où le dossier n'a pu être entièrement constitué dans le délai de dix jours.

Article 16. Si, à l'expiration du délai de dix jours visé à l'article 12 ci-dessus, l'avis du chef du corps dans lequel le candidat a servi en dernier lieu, n'a pas été fourni, ou si l'extrait du casier judiciaire n'est pas parvenu, le dossier est transmis au corps dans lequel l'intéressé désire servir, sous la réserve, toutefois, que le candidat déclare, par écrit, qu'il n'a encouru aucune des condamnations visées aux articles 4 et 5 de la loi de recrutement.

L'acte peut être souscrit, dès réception de l'avis favorable du conseil de régiment ou du chef de corps suivant le cas.

Dans cette hypothèse, l'extrait du casier judiciaire et, éventuellement, l'avis du dernier chef de corps sont joints, ultérieurement, et dès réception, au dossier de rengagement.

En cas de fausse déclaration, c'est-à-dire si l'extrait du casier judiciaire (bulletin n° 2), parvenu après la signature de l'acte, mentionne une condamnation sans sursis faisant tomber l'intéressé sous le coup des articles 4 ou 5 de la loi de recrutement, le conseil de régiment ou le chef de corps ayant été trompé, l'acte de rengagement irrégulièrement souscrit doit être considéré comme inexistant, l'obligation fondée sur une cause illicite ne pouvant avoir aucun effet (Code civil, article 1131) et l'homme doit être libéré; dès réception de cet extrait, l'autorité qui a constitué le dossier rend compte au général commandant la région sur le territoire de laquelle l'acte a été signé.

La décision constatant l'irrégularité et prescrivant la libération est prononcée par cet officier général et notifiée, directement, par les soins de ce dernier, au corps dans lequel sert l'intéressé.

Si cette décision est prononcée plus de trois mois après la signature du rengagement (éventualité peu probable), l'intéressé doit rembourser la prime qu'il a perçue.

Hébergement des candidats en instance de rengagement.

Article 17. Les candidats ayant présenté leur livret militaire et leur fascicule de mobilisation, qui déclarent, par écrit, n'avoir encouru aucune des condamnations tombant sous le coup des articles 4 et 5 de la loi, et qui remplissent les conditions d'aptitude physique requises, sont, s'ils le demandent, logés et nourris dans un corps de troupe, mais ne sont pas habillés. Les frais nécessités par l'hébergement des caporaux et soldats sont imputés au chapitre du budget « Frais divers du recrutement » (propagande pour le recrutement des militaires de carrière).

Les candidats pourvus dans les réserves d'un grade de sous-officier sont, sur leur demande, autorisés à vivre au mess dans les mêmes conditions que les sous-officiers du contingent, à charge pour eux, d'en acquitter la dépense après la signature de leur rengagement.

Dans le cas où un sous-officier ne serait pas admis à se rengager et ne serait pas en état de rembourser la dépense, les repas pris par lui au mess sont remboursés comme il est indiqué ci-dessus pour les caporaux et soldats.

Les hébergés sont logés dans des locaux séparés des hommes de troupe. Ils ne doivent être astreints à aucune corvée ou travaux de quelque nature que ce soit. Ils doivent, en outre, rester libres de sortir ou rentrer à la caserne entre l'appel du matin et l'appel du soir.

La tenue, la conduite et l'attitude des hébergés doivent être irréprochables; les chefs de corps et de détachement peuvent faire cesser l'hébergement de ceux qui se feraient remarquer pour quelque cause que ce soit et dont la présence au milieu de militaires serait de nature à nuire à la discipline de l'armée.

En vue d'éviter les hébergements inutiles et coûteux pour l'Etat, une liste des indésirables à cet égard est établie et tenue à jour par les soins du général commandant la région à qui les autorités chargées de constituer les dossiers adressent tous renseignements utiles. Cette liste comprend les hommes ayant encouru des condamnations visées aux articles 4 et 5 de la loi de recrutement, ceux qui ont été reconnus inaptes définitivement à une visite médicale, ceux qui ont été l'objet de deux refus de rengagement par les conseils de régiment (à l'exception de ceux qui n'ont pu être acceptés à défaut de vacances), ceux qui ont refusé de souscrire un contrat après la constitution de leur dossier, et, enfin, tous ceux dont l'hébergement a dû cesser par mesure disciplinaire.

La liste est communiquée aux chefs de corps et de détachements à qui sont notifiées, sans retard toutes les modifications qu'elle peut recevoir.

Les candidats à l'engagement aux titres des corps prévus à l'article 11 de l'instruction du 20 juin 1928 relative aux engagements dans les troupes métropolitaines peuvent, sur leur demande, être hébergés dans les mêmes conditions que ci-dessus.

Rengagement spécial d'un an prévu par le dernier alinéa de l'article 2 de la loi du 30 mars 1928 sur le statut des sous-officiers de carrière.

Article 18. Les dispositions prévues par les articles 10, 11. 12, 13, 14, 15, 16 et 17 ci-dessus concernant le rengagement des militaires libérés sont applicables aux sous-officiers libérés qui demandent à contracter le rengagement spécial d'une année prévu au dernier alinéa de l'article 2 de la loi du 30 mars 1928 sur le statut des sous-officiers de carrière.

Point de départ des rengagements.

Article 19. Le rengagement compte :

a) *Pour un militaire servant comme appelé* :

Du jour de l'expiration du service légal;

b) *Pour un militaire servant comme engagé ou rengagé :*

Du jour de l'expiration de son contrat;

c) *Pour un engagé spécial par devancement d'appel :*

Du jour où la fraction de contingent avec laquelle il a été incorporé passe dans la disponibilité;

d) *Pour un militaire titulaire du brevet militaire de pilote d'avion engagé par devancement d'appel en dehors des périodes prévues à l'article 2 de l'instruction du 17 avril 1928 :*

Du jour où il a accompli la durée légale du service actif;

e) *Pour un militaire libéré après douze mois de service, en vertu de l'article 2 de la loi du 1er avril 1923, fils aîné d'une famille de cinq enfants :*

Du jour où il entre dans son dix-neuvième mois de service. Toutefois, ce militaire peut opter entre les deux alternatives suivantes :

1° Soit jouir des six mois de réduction de service et ne rejoindre son corps qu'à l'expiration de ce délai;

2° Soit rejoindre son corps avant l'expiration du délai de six mois et terminer bénévolement comme appelé, renonçant ainsi à la dispense, le temps du service légal imposé à sa classe. Dans le cas où ce militaire se rengage six mois au moins après sa libération, le rengagement compte du jour où il est souscrit.

f) *Pour un militaire marié ou veuf père de trois enfants vivants servant comme appelé ou engagé par devancement d'appel qui n'est tenu d'accomplir que douze mois de service, en application de la loi du 27 décembre 1927 :*

Du commencement du treizième mois de service;

g) *Pour un officier ou sous-officier de réserve bénéficiaire des articles 34 ou 35 de la loi de recrutement servant comme appelé ou engagé par devancement d'appel :*

Du commencement du treizième mois de service;

h) *Pour un ajourné et un réformé temporaire :*

Du jour où ils ont accompli les obligations d'activité qui leur sont imposées par l'article 21 de la loi de recrutement;

i) *Pour un militaire libéré :*

Du jour de la signature de l'acte;

j) *Pour un officier de réserve libéré :*

Du jour de la signature de l'acte, et après autorisation ministérielle dans les conditions prévues à l'article 9 ci-dessus.

Dans un cas spécial, l'application d'une mesure particulière est à envisager en ce qui concerne les militaires qui n'ont pas cessé de servir. Lorsque, exceptionnellement, pour cause de force majeure dûment justifiée, les dossiers de rengagement ne pourraient être adressés à l'intendant militaire que postérieurement à la date à laquelle ces militaires avaient droit à leur libération, l'acte est néanmoins souscrit pour compter de la date d'expiration, soit du service légal, soit de l'engagement, soit d'un précédent rengagement.

La situation de rengagé avec toutes les garanties qu'elle comporte est acquise à partir du moment de la signature de l'acte de rengagement quelle que soit, d'ailleurs, la date à partir de laquelle ce rengagement commence à courir.

Rengagement des militaires ayant encouru des condamnations visées à l'article 5 de la loi.

Article 20. Ces militaires se divisent en deux catégories :

a) *Militaires affectés à un bataillon d'infanterie légère.* — Ces militaires sont admis à se rengager pour la première fois dans les conditions prévues à l'article 1er, paragraphe c) ci-dessus, c'est-à-dire pour six mois ou au plus un an.

Lorsqu'ils sont affectés dans les réserves à un bataillon d'infanterie légère ou à un groupe spécial, ils peuvent être admis à se rengager dans les mêmes conditions que les militaires libérés, mais seulement au titre d'un bataillon d'infanterie légère.

b) *Militaires affectés à un corps du service général.* — Ces militaires, qu'ils appartiennent à l'armée active ou aux réserves, sont admis à se rengager dans les conditions ordinaires.

Tous ces militaires doivent recevoir application sans restriction de l'article 67 de la loi de recrutement sous la seule réserve qu'ils obtiennent le consentement du conseil de régiment (pour les sous-officiers) ou du chef de corps (pour les militaires non sous-officiers).

Rengagement des hommes ayant été ajournés, réformés temporairement, réformés définitivement n° 1 ou n° 2.

Article 21. Les hommes ayant été ajournés ou réformés temporairement ne peuvent être admis à se rengager qu'après avoir accompli leurs obligations d'activité telles qu'elles résultent de l'article 21 de la loi.

Les hommes réformés définitivement n° 1 ou n° 2 appartenant à une classe dégagée d'obligations d'activité peuvent être admis à se rengager, sous réserve que leur aptitude physique soit constatée par une commission de réforme dans les conditions prévues par l'article 36 de l'instruction du 29 juillet 1926 (*Bulletin officiel*, volume 71).

Pour toutes ces catégories, le certificat d'aptitude physique peut être remplacé par un extrait de la décision de la commission de réforme.

Rengagement des gendarmes, médecins sous-aides majors, médecins, pharmaciens et dentistes auxiliaires, interprètes stagiaires.

Article 22. Les militaires quittant la gendarmerie ne peuvent être admis à se rengager comme sous-officiers au titre de leur arme d'origine que s'ils avaient acquis dans cette arme un grade de sous-officier avant d'entrer dans la gendarmerie (2).

Les médecins sous-aides majors; médecins, pharmaciens et dentistes auxiliaires ne peuvent être autorisés à se rengager que comme sergents au titre des sections d'infirmiers militaires, sous réserve, en ce qui concerne les rengagements avec changement d'arme, de l'application des dispositions de l'article 70 de la loi.

Il en est de même :

a) Des vétérinaires auxiliaires qui ne peuvent être autorisés à se rengager qu'avec le grade de maréchal des logis au titre d'un corps d'une arme montée;

b) Des interprètes stagiaires pour les langues autres que l'arabe qui ne peuvent être admis à se rengager qu'avec le grade de sergent ou de maréchal des logis.

Nombre de sous-officiers servant au delà de la durée légale dans chaque corps.

Article 23. Le nombre des sous-officiers servant dans chaque corps de troupe, en qualité de sous-officiers de carrière, de sous-officiers rengagés ou d'engagés volontaires promus sous-officiers, peut atteindre la totalité de l'effectif des militaires de ce grade (1).

---

(1) Tant que la durée légale du service actif sera fixée à dix-huit mois, les dispositions de la circulaire n° 8185 1/11, du 16 août 1927 (*Bulletin officiel*, page 1951) resteront en vigueur.

(2) Nouvelle rédaction.

Le nombre maximum des caporaux-chefs, brigadiers-chefs, caporaux et brigadiers, servant au delà de la durée légale, est fixé aux deux tiers de l'effectif total des militaires du grade considéré. Toutefois, il peut atteindre l'effectif total des caporaux-chefs, brigadiers-chefs, caporaux ou brigadiers, dans les troupes coloniales, dans les corps de troupe indigènes nord-africains, stationnés sur le territoire de la métropole et de l'Afrique du Nord et les corps de troupe d'occupation ou en opération, ainsi que dans le régiment de sapeurs-pompiers.

En ce qui concerne les soldats rengagés ou commissionnés, ce nombre n'est pas limité.

Publication au *Journal officiel* de la liste des corps possédant des vacances de sous-officiers.

Article 24. Lorsqu'un corps n'ayant pas atteint l'effectif maximum en sous-officiers, tel qu'il est défini à l'article 23 de la présente instruction et que, par suite, il dispose d'une ou plusieurs vacances, le chef de corps en rend compte le 5 de chaque mois au général commandant la région qui établit un état récapitulatif du modèle n° 5 annexé à la présente instruction pour tous les corps placés sous ses ordres et l'adresse pour le 15 du même mois, au plus tard, au Ministre (Direction de l'Infanterie, 2e Bureau).

Par vacances disponibles de sous-officiers, il faut entendre celles qui ne sont pas déjà tenues par des non rengagés, et qui peuvent ainsi, à défaut de candidats du corps ou d'autres corps en instance de rengagement, être attribuées immédiatement aux candidats libérés ou appartenant à d'autres corps.

La liste des corps possédant des vacances est publié au *Journal officiel* le 1er de chaque mois.

Rengagement par procuration.

Article 25. Les militaires employés dans les régions sahariennes, au Maroc, dans les territoires du sud de l'Algérie et de la Tunisie, en Syrie, ainsi que les militaires en mission à l'étranger, qui sont admis à contracter un rengagement, peuvent se faire représenter devant l'intendant militaire par un fondé de pouvoirs, muni d'une procuration, dans les conditions prévues par le décret du 7 janvier 1904.

Rengagements aux colonies.

Article 26. Les demandes de rengagement formulées par des militaires détachés aux colonies en dehors des troupes de leur arme ou en service hors cadres aux colonies sont examinées par le corps (conseil de régiment ou chef de corps) auquel ces militaires sont momentanément attachés.

Changement de corps ou d'arme des militaires rengagés.

Article 27. Le militaire rengagé peut, dans l'intérêt du service, être changé de corps d'office en temps de paix, et de corps et d'arme en temps de guerre.

En temps de paix, il peut toutefois dans l'intérêt du service être admis, sur sa demande, dans un corps d'une autre arme ou service. Dans ce cas, la demande revêtue des avis hiérarchiques est adressée au Ministre (Direction d'arme) qui statue.

Recours hiérarchique au Ministre de la guerre contre le refus opposé à une demande de rengagement.

Article 28. Tout candidat dont la demande de rengagement a été rejetée, possède, aux termes des dispositions contenues dans l'article 67 de la loi de recrutement, la faculté de former un recours hiérarchique au Ministre de la guerre contre la décision prise à son égard.

Ce recours doit être présenté dans les dix jours qui suivent la date à laquelle l'intéressé a reçu notification du refus de sa demande. Il est adressé au chef de corps si le candidat est présent sous les drapeaux et à l'autorité qui a constitué le dossier, s'il est libéré.

Dans le premier cas, le chef de corps transmet, par la voie hiérarchique, le dossier au général commandant la région. Ce dossier est accompagné d'un rapport détaillé indiquant, sans que, bien entendu, soit divulguée l'opinion personnelle de chacun des membres du conseil, les raisons qui, de l'avis du chef de corps, semblent avoir motivé le refus de consentement. Après avoir émis son avis, le général commandant la région transmet le tout au Ministre (Direction de l'infanterie, 2e bureau) qui statue (1).

Dans le deuxième cas, l'autorité qui a constitué le dossier renvoie le recours, accompagné du dossier de rengagement au corps qui a refusé l'autorisation et le chef de corps procède ainsi qu'il est dit plus haut pour le candidat présent sous les drapeaux.

Recommandations au sujet de l'examen des demandes de rengagement.

Article 29. L'article 67 de la loi du 31 mars 1928 réserve au conseil de régiment l'examen des demandes de rengagement des

---

(1) Nouvelle rédaction.

sous-officiers et au chef de corps l'examen des demandes des militaires non sous-officiers.

Les conseils de régiment et les chefs de corps ne perdent pas de vue la nécessité de plus en plus impérieuse, en raison de la réduction du service, de recruter un nombre aussi élevé que possible de rengagés.

Dans le cas d'une ou plusieurs vacances, le chef de corps provoque la réunion du conseil de régiment chaque fois qu'il y a lieu de statuer sur une ou plusieurs demandes de rengagement présentées par des sous-officiers. Il fait connaître au conseil le nombre de places vacantes; le conseil, après délibération, délivre s'il y a lieu un nombre de consentements correspondant à celui des vacances.

Conseils de régiment.

Article 30. Les conseils de régiment sont constitués aux *portions principales* et aux *fractions détachées*.

Il faut entendre par « fraction détachée » :

1° Les fractions qui ne sont pas stationnées dans la même place que le chef de corps, qu'elles se trouvent ou non sous son autorité;

2° Les fractions qui, bien que stationnées dans la même place que le chef de corps, ne se trouvent pas sous son autorité.

Un conseil de régiment distinct de celui de la portion principale doit, dans ces conditions, fonctionner dans chacun de ces détachements, comprenant, au moins, conformément aux termes de la loi du 14 avril 1906, deux compagnies, escadrons ou batteries, que les fractions détachées échappent ou n'échappent pas à l'autorité du chef de corps.

Le conseil *de la portion principale* statue sur les demandes de rengagement présentées par les sous-officiers :

a) Appartenant à la portion principale;

b) Appartenant à d'autres corps;

c) Rentrés dans leurs foyers.

Il statue également sur toutes les demandes présentées par les sous-officiers du corps lorsque celui-ci est entièrement réuni sous les ordres du chef de corps (manœuvres, séjour dans les camps d'instruction, etc.), le détachement dans ce cas étant de fait momentanément supprimé.

Dans ce dernier cas, le conseil de régiment doit avoir la composition prévue par le premier paragraphe du tableau annexé au décret du 26 février 1926 et comprendre, en principe :

1° Le lieutenant-colonel et le chef de bataillon ou d'escadron dont relève le sous-officier, à moins que ces officiers soient absents ou empêchés;

2° Le capitaine de l'unité à laquelle appartient le sous-officier s'il n'est ni absent, ni empêché.

Le conseil des *fractions détachées* ne statue que sur les demandes présentées par les sous-officiers appartenant au détachement.

Le chef de corps n'a pas qualité pour refuser de délivrer l'autorisation de rengagement à un candidat régulièrement admis par le conseil compétent, alors même qu'il ne partagerait pas l'avis de ce conseil.

Attribution des vacances de sous-officiers servant au delà de la durée légale.

Article 31. Toute place de sous-officier est attribuée de droit au candidat de la fraction (principale ou détachée) où la vacance s'est produite, si, bien entendu, ce candidat est accepté par le conseil dont il relève. Si aucun candidat de la fraction où existe la vacance n'est admis à se rengager, la place doit être donnée à un candidat de l'autre fraction admis au rengagement.

Cette disposition n'entraîne aucune limitation du droit de mutation des chefs de corps, sous la réserve que ne soit pas créé un dépassement de l'effectif des sous-officiers attribués au détachement bénéficiaire.

Toutefois, les mutations d'un détachement à un autre, prononcées en faveur des sous-officiers, pouvant être parfois de nature à causer un réel préjudice à des sous-officiers candidats au rengagement, les chefs de corps sont invités à n'user de leur droit de mutation qu'avec la plus grande circonspection, et après s'être concertés avec les commandants de détachement.

En ce qui concerne les sous-officiers qui viendraient d'office d autres corps, par ordre du Ministre ou du commandant de corps d'armée, il appartient au chef de corps de leur donner une affectation, à la portion principale ou aux portions détachées, de manière à concilier, au mieux, tous les intérêts en présence.

Une place, quelle que soit la fraction où elle se produit, ne peut être attribuée à un sous-officier d'un autre corps ou rentré dans ses foyers que si aucun sous-officier du corps n'est admis au rengagement, soit à la portion principale, soit dans les fractions détachées.

Les places de sous-officiers sont réparties une fois pour toutes, par les soins du chef de corps, entre les diverses unités.

Les règles ci-dessus sont également applicables aux caporaux-chefs, brigadiers-chefs, caporaux et brigadiers.

Composition, réunion et délibération du conseil de régiment.

Article 32. Les demandes de rengagement des sous-officiers établies dans la forme et accompagnées des pièces prescrites par la présente instruction sont soumises à l'examen d'un conseil de régiment constitué conformément au tableau annexé au décret du 26 février 1926.

Le conseil de régiment siège dans la ville où le président exerce son commandement. Les membres qui n'en font pas obligatoirement partie sont pris à tour de rôle parmi les officiers du grade indiqué au tableau précité; un roulement est établi à ce sujet par les soins du président. Ce dernier adresse à tous les membres, chaque fois que le conseil doit se réunir, une convocation indiquant les jour, heure et lieu de la réunion.

Chacune de ces demandes de rengagement établie dans la forme ci-dessus rappelée est l'objet d'une délibération spéciale du conseil. Le vote est secret et il y est procédé dans les formes adoptées pour les conseils d'enquête; mais, en cas de partage des voix, celle du président est prépondérante.

Les autorisations de rengagement sont immédiatement remises aux ayants droit. Au cas où le conseil de régiment n'accorde pas son consentement, notification écrite de ce refus de consentement est faite par le président du conseil, dans les vingt-quatre heures, aux intéressés.

Dans le cas de rejet d'une demande, le dossier est transmis par la voie hiérarchique au général commandant la région, accompagné d'un rapport détaillé indiquant, sans que, bien entendu, soit divulguée l'opinion personnelle de chacun des membres du conseil, les raisons qui, de l'avis du chef de corps, semblent avoir motivé le refus de consentement (1).

Si cet officier général estime que cette décision est susceptible d'être annulée, il adresse immédiatement au Ministre (Direction de l'Infanterie, 2e Bureau) le dossier revêtu de son avis personnel. Si, au contraire, il juge que le refus est justifié, il renvoie le dossier au chef de corps en confirmant la décision prise.

En cas de recours au Ministre contre le refus opposé par le conseil de régiment, il y a lieu de se conformer aux dispositions prévues à l'article 28 de la présente instruction.

---

(1) Nouvelle rédaction.

Ordre à suivre pour la désignation des membres du conseil de régiment.

Article 33. Les membres qui ne font pas obligatoirement partie du conseil sont pris à tour de rôle parmi les officiers du grade indiqué dans le tableau annexé au décret du 26 février 1926. Il y a lieu d'adopter, pour leur désignation, les mêmes règles que pour les conseils d'enquête des sous-officiers, c'est-à-dire de suivre l'ancienneté dans le grade. Le roulement doit porter sur tous les chefs de bataillon (y compris le major) et sur tous les capitaines, y compris les comptables et les employés. Il doit porter également, le cas échéant, sur tous les lieutenants et sous-lieutenants et, d'une manière générale, sur tous les officiers et assimilés indiqués au tableau visé ci-dessus comme devant ou pouvant faire partie d'un conseil de régiment.

Le président est juge des cas d'empêchement qui peuvent s'opposer à la désignation d'un officier, lorsque son tour de roulement survient.

Cas dans lesquels les membres de droit (commandants ou capitaines) sont régulièrement absents.

Article 34. Lorsque les chefs de bataillon ou d'escadron dont relève le candidat au rengagement, ou le capitaine de l'unité à laquelle il appartient, sont régulièrement absents, il y a lieu de les remplacer par leurs suppléants normaux. Le rapport écrit contenant l'avis motivé du capitaine commandant l'unité reste obligatoire en cas d'absence de ce dernier; toutefois, si l'absence de cet officier a été d'une durée telle qu'il ne puisse émettre cet avis en connaissance de cause, le rapport dont il s'agit est rédigé par son suppléant normal.

Membres de droit ne pouvant prendre part à la délibération.

Article 35. Les membres de droit ne peuvent être considérés comme régulièrement empêchés s'ils sont simplement en permission de très courte durée ou retenus par le service. Dans ce cas, afin qu'ils puissent y prendre part, il y a lieu d'ajourner la délibération à une date aussi rapprochée que possible.

Cas dans lesquels le nombre des candidats au rengagement présents sous les drapeaux dépasse celui des vacances à combler.

Article 36. Dans le cas où le nombre des candidats au rengagement présents sous les drapeaux dépasse celui des vacances à combler, tous les dossiers sont soumis en même temps à un conseil de régiment exceptionnel comprenant le colonel, le lieutenant-colonel, ainsi que les chefs de bataillon et les capitaines sous les ordres desquels sont placés les candidats. Après discussion des titres de ces derniers, chacun des officiers ci-dessus indiqués établit un bulletin sur lequel il donne un numéro de classement par ordre de préférence aux divers sous-officiers candidats au rengagement. La moyenne des numéros de préférence ainsi donnée détermine le classement.

Le classement obtenu par le dépouillement de ces bulletins doit indiquer simplement l'ordre dans lequel il y a lieu d'examiner les demandes des candidats; ces demandes sont, jusqu'à concurrence du nombre de vacances à combler, soumises à l'examen d'un conseil de régiment normal.

Toutefois, la procédure indiquée ci-dessus ne peut être employée que dans le cas où les candidats appartiennent tous à la portion principale et si les vacances existent dans cette portion. S'il s'agit, en effet, de fraction détachée, chaque conseil de régiment est seul compétent pour statuer sur les demandes qui lui sont soumises en vue de pourvoir à une vacance de rengagé se produisant dans cette fraction.

DOCUMENTS ABROGÉS.

Toutes dispositions contraires concernant les rengagements dans les troupes métropolitaines sont abrogées.

MODÈLES

° RÉGION.

PLACE

Modèle n° 1.

Article 3 de l'instruction du 28 juillet 1928.

CERTIFICAT D'APTITUDE

délivré par l'autorité militaire à M. (2)
qui a déclaré vouloir servir comme (3)
dans le (4)

Nous, soussigné, (1) , certifions,

1° Que le (2) , né le , à , canton de , département de , fils de (5) et de (6) , domiciliés à , canton de département de , classe de recrutement n° m[le] , du bureau de recrutement de , résidant à , canton de , département de .

Cheveux :	Yeux :
Visage :	Renseignements physionomiques complémentaires......
Front.	
Nez...	Taille : 1 m. cent.
	Marques particulières :

A droit à sa libération (ou a été libéré) du service actif le

2° Qu'il a été visité par M. (7) , et qu'il résulte de cette visite qu'il est apte au service armé (8) ;

3° Qu'il réunit la taille et les autres conditions requises pour le (4)

4° Que l'acte de (9) qu'il demande à contracter pour servir dans le (4) peut être reçu.

En foi de quoi, nous lui avons délivré le présent certificat signé de nous et de M. (7)

Fait à , le 19

(10) (11) (12)

(1) Indication du nom, du grade, du corps et de l'arme de l'officier signataire du certificat.
(2) Grade, nom et prénoms de l'intéressé.
(3) Rengagé ou commissionné.
(4) Indiquer le corps.
(5) Prénoms du père.
(6) Nom et prénoms de la mère.
(7) Nom et grade du médecin.
(8) Si le candidat a été classé dans le service auxiliaire par le conseil de revision ou par la commission de réforme, indiquer qu'il est apte au service auxiliaire.
(9) Rengagement ou commission.
(10) Signature du rengagé ou du commissionné.
(11) Signature du médecin.
(12) Signature de l'officier qui a délivré le certificat.

• RÉGION.

(1) Désignation du corps.
(2) Grade, nom et prénoms du sous-officier.

MODÈLE N° 2.

Article 4 de l'instruction du 28 juille 1928.

(1)

MÉMOIRE DE PROPOSITION

concernant le (2)

qui demande l'autorisation de contracter un rengagement de ans au titre du corps.

NOTA. — Ce mémoire doit être accompagné des pièces suivantes :

1° Demande de l'intéressé;
2° Etat signalétique et des services;
3° Relevé des punitions;
4° Certificat d'aptitude;
5° Avis du chef de corps dans lequel le sous-officier a servi en dernier lieu. } s'il s'agit d'un sous-officier libéré.
6° Extrait du casier judiciaire (*Bulletin* n° 2). } s'il s'agit d'un sous-officier libéré.

NUMÉRO matricule.	NOM ET PRÉNOMS.	GRADE — DATE de la nomination au grade.	DATE DE L'ENTRÉE au service. — TITRE sous lequel il sert.	CLASSE à laquelle il appartient par son âge.

PUNITIONS (Nombre de jours.)					DÉLIBÉRATION DU CONSEIL DE RÉGIMENT. — Indiquer la composition du conseil, la date à laquelle la décision a été prise, le nombre de voix favorables ou défavorables, et, en cas de partage, si celle du président est ou non favorable au sous-officier. (1) Signature des membres du conseil.
Consigne au quartier.	Salle de police ou arrêts simples.	Prison ou arrêts de rigueur.	Cellule.	TOTAL.	
					(1) *Le Président,*

MINISTÈRE DE LA GUERRE.

MODÈLE N° 3.

Article 4 de l'instruction du 28 juillet 1928.

FORMAT DU PAPIER :

Largeur.................. 0m,315
Hauteur.................. 0m,210

.......e RÉGIMENT D...

REGISTRE

DES

AUTORISATIONS DE RENGAGEMENT OU DE COMMISSION.

MINISTÈRE DE LA GUERRE — 1 — Instruction ministérielle du 28 juillet 1928.

Corps. {

AUTORISATION

de (1) .... pour .... années. N° ....

Le .... commandant le ....
d ...., conformément à la décision
du (2) .... en date du ....
consent à recevoir en qualité d (3) ....
.... pour .... années,
le (4) ....
qui réunit les conditions requises par les règlements en vigueur
pour contracter un (5) ....
sous le régime de la loi du 31 mars 1928.

Fait à ...., le .... 19 ......

ÉTAT CIVIL ET SIGNALEMENT.

Né le ...., à ...., canton
d ...., département d ....
Fils de .... et de ....
.........., domicilié ....
canton d ...., département d ....
classe de : .... n° mle .... Recrutement de ....
résidant à : .... canton de ....
département de ....
Cheveux .... Yeux .... Front ....
Nez .... Visage ....

Renseignements physionomiques complémentaires :
....

Taille : 1 m. .... c.
Marques particulières : ....

(1) Rengagement ou commission.
(2) Conseil de régiment pour les sous-officiers, chef de corps pour les militaires non sous-officiers.
(3) Rengagé ou commissionné.
(4) Grade, nom et prénoms.
(5) Rengagement ou commission.

TROUPES MÉTROPOLITAINES — MINISTÈRE DE LA GUERRE

MINISTÈRE DE LA GUERRE — 2 — Instruction ministérielle du 28 juillet 1928.

Corps. {

AUTORISATION

de (1) .... pour .... années. N° ....

Le .... commandant le ....
d ...., conformément à la décision
du (2) .... en date du ....
consent à recevoir en qualité d (3) ....
.... pour .... années,
le (4) ....
qui réunit les conditions requises par les règlements en vigueur
pour contracter un (5) ....
sous le régime de la loi du 31 mars 1928.

Fait à ...., le .... 19 ......

ÉTAT CIVIL ET SIGNALEMENT.

Né le ...., à ...., canton
d ...., département d ....
Fils de .... et de ....
.........., domiciliés à ....
canton d ...., département d ....
classe de : .... n° mle .... Recrutement de ....
résidant à : .... canton de ....
département de ....
Cheveux .... Yeux .... Front ....
Nez .... Visage ....

Renseignements physionomiques complémentaires :
....

Taille : 1 m. .... c.
Marques particulières : ....

(1) Rengagement ou commission.
(2) Conseil de régiment pour les sous-officiers, chef de corps pour les militaires non sous-officiers.
(3) Rengagé ou commissionné.
(4) Grade, nom et prénoms.
(5) Rengagement ou commission.

TROUPES MÉTROPOLITAINES — MINISTÈRE DE LA GUERRE

MINISTÈRE DE LA GUERRE — 3 — Instruction ministérielle du 28 juillet 1928.

Corps. {

AUTORISATION

de (1) .... pour .... années. N° ....

Le .... commandant le ....
d ...., conformément à la décision
du (2) .... en date du ....
consent à recevoir en qualité d (3) ....
.... pour .... années,
le (4) ....
qui réunit les conditions requises par les règlements en vigueur
pour contracter un (5) ....
sous le régime de la loi du 31 mars 1928.

Fait à ...., le .... 19 ......

ÉTAT CIVIL ET SIGNALEMENT.

Né le ...., à ...., canton
d ...., département d ....
Fils de .... et de ....
.........., domiciliés à ....
canton d ...., département d ....
classe de : .... n° mle .... Recrutement de ....
résidant à : .... canton de ....
département de ....
Cheveux .... Yeux .... Front ....
Nez .... Visage ....

Renseignements physionomiques complémentaires :
....

Taille : 1 m. .... c.
Marques particulières : ....

(1) Rengagement ou commission.
(2) Conseil de régiment pour les sous-officiers, chef de corps pour les militaires non sous-officiers.
(3) Rengagé ou commissionné.
(4) Grade, nom et prénoms.
(5) Rengagement ou commission.

° RÉGION.

PLACE D

N° du registre.

MODÈLE N° 4.

Article 6 de l'instruction du 28 juillet 1928.

ACTE DE RENGAGEMENT

du nommé (1)

pour le (2)

(1) Nom, prénoms, grade et corps du candidat.

(2) Indication du corps.

(3) Nom de l'Intendant militaire ou de l'officier suppléant, en ajoutant la localité où il est en fonctions.

(4) Nom, grade et corps de l'officier signataire de l'autorisation.

(5) Nom, grade et qualité de l'officier signataire du certificat.

(6) Nom et prénoms du candidat.

(7) Armé ou auxiliaire.

(A) S'il taire libéré l'extrait du casier judiciaire.

L'an mil , le , à heures, s'est présenté devant nous (3) M. (1) , né le à , canton de , département de , fils de , et de domiciliés à , canton de département de , classe de recrutement de , n° m^le^ , du bureau de recrutement de résidant à , canton de . département de

Cheveux :	Visage :
Yeux :	
Front	Renseignements physionomiques complémentaires.......
Nez..	Taille : 1 mètre Taille rectifiée : Marques particulières :

Lequel a déclaré vouloir contracter un rengagement de pour servir dans le (2)

Et, à cet effet, nous a présenté :

1° Une autorisation délivrée par (4)

2° Un état signalétique constatant qu'il se trouve dans les conditions de service exigées par la loi du 31 mars 1928 ;

3° Un certificat délivré sous la date du par (5) , et constatant que M. (6) est apte au service (7) et qu'il réunit les conditions requises pour le (2) dans lequel il demande à servir.

(A)

8) Intendant militaire ou officier suppléant.

Nous (8) , après avoir reconnu la régularité des pièces produites par M. (6) , lui avons donné lecture des articles 67 et 70 de la loi du 31 mars 1928.

Après quoi nous avons reçu le rengagement de M. (6) , lequel a promis de servir avec honneur et fidélité pendant ans, mois, jours, à compter du .

Lecture faite à M. (6) du présent acte, il a signé avec nous.

Le rengagé, *L'Intendant militaire,* ou *L'Officier suppléant.*

e RÉGION.

MODÈLE N° 5.

Article 24 de l'instruction du 28 juillet 1918.

LISTE des corps de troupe métropolitains possédant des vacances de sous-officiers au 19 .

CORPS (dans l'ordre ci-dessous).	NOMBRE de VACANCES.	OBSERVATIONS.
A. — INFANTERIE.		
B. — CAVALERIE.		
C. — ARTILLERIE.		
D. — GÉNIE.		
E. — SECTIONS.		
F. — ÉCOLES.		
G. — AÉRONAUTIQUE. 1° *Régiments d'aérostation :*		
2° *Aviation :*		

CORPS (dans l'ordre suivant).	PERSONNEL NAVIGANT.			PERSONNEL NON NAVIGANT.		OBSERVATIONS.
	Pilotes.	Mitrailleurs.	Radio-télégr.	Spécialistes.	Non spécialistes.	
a) *Régiment d'aviation :*						
b) *Groupes autonomes d'aviation :*						
c) *Groupes ou compagnies autonomes d'ouvriers d'aéronautique :*						

A , le

Le Général commandant la e région,

NOTA. — Cette liste doit être adressée au Ministre de la guerre (Direction de l'Infanterie; 2e Bureau) pour le 15 de chaque mois.

Dispositions relatives à l'élément étranger et indigène.

Rengagements des Français ou étrangers à la Légion étrangère.

Les dispositions relatives à ces rengagements sont insérées dans le volume n° 63 de l'édition méthodique (Organisation de l'armée, 2e partie, cadres et effectifs).

Rengagements des indigènes de l'Afrique du Nord dans les régiments de tirailleurs et de spahis.

Les dispostions relatives à ces rengagements sont insérées dans le volume n° 68^7 de l'édition méthodique (*en préparation*).

TABLE DES MATIÈRES DE LA DEUXIÈME PARTIE

RENGAGEMENTS

Instruction du 28 juillet 1928 relative aux rengagements dans les troupes métropolitaines.

Rengagement des militaires libérés.

TROISIÈME PARTIE.

Commissions.

Instruction relative aux commissions dans les troupes métropolitaines.

Paris, le 15 octobre 1928.

CHAPITRE I.

COMMISSIONS AU TITRE DE L'ARTICLE 68 DE LA LOI DU 31 MARS 1928.

Militaires qui peuvent être commissionnés.

Article 1er. Aux termes de l'article 68 de la loi du 31 mars 1928, les caporaux-chefs, brigadiers-chefs, caporaux, brigadiers et soldats du service armé et du service auxiliaire en activité de service, ainsi que les maîtres ouvriers (tailleurs, cordonniers. bottiers, bourreliers, selliers), en possession d'un grade de sous-officier, peuvent, après cinq ans de service et avec le consentement du chef de corps dans lequel ils doivent servir (1) et sauf recours hiérarchique au Ministre de la guerre, contre le refus de ce consentement, être admis à commissionner.

Ces mêmes militaires peuvent, après libération, être admis à commissionner s'ils ont quitté les drapeaux depuis moins de cinq années et s'ils ont moins de quarante ans d'âge.

Différentes catégories de commissionnés. — Durée des commissions.

Article 2. L'article 68 de la loi divise les militaires commissionnés en trois catégories :

1re *catégorie* : les caporaux-chefs, brigadiers-chefs, caporaux, brigadiers et soldats, du service armé ou du service auxiliaire commissionnés au titre du service général à partir de cinq ans

---

(1) Le conseil de régiment ne doit pas intervenir dans l'examen des demandes de commission.

de service jusqu'à quinze ans de service et par périodes de cinq années de quinze à vingt-cinq ans de service.

2e *catégorie :* les caporaux-chefs, brigadiers-chefs, caporaux, brigadiers et soldats du service armé ou du service auxiliaire commissionnés au titre d'un des emplois prévus au tableau annexé à la présente instruction à partir de vingt-cinq ans de service jusqu'à cinquante ans d'âge.

3e *catégorie :* les maîtres ouvriers, y compris ceux en possession d'un grade de sous-officier (tailleurs, cordonniers, bottiers, bourreliers, selliers) ayant un traité déterminé, commissionnés au titre de leur emploi, à partir de cinq ans de service jusqu'à quinze ans de service, puis par période de cinq ans jusqu'à vingt-cinq ans de service et de vingt-cinq ans de service jusqu'à 60 ans d'âge.

Les militaires de la première catégorie sont commissionnés exclusivement au titre *du service général*, quel que soit l'emploi occupé par les intéressés.

Les militaires des deuxième et troisième catégories sont commissionnés exclusivement au titre d'un emploi déterminé. Cet emploi doit être indiqué dans l'autorisation délivrée par le chef de corps et inséré dans la commission (voir renvoi 5 du modèle n° 1 joint à la présente instruction).

Délai dans lequel les militaires en activité de service peuvent être admis à commissionner.

Article 3. Les militaires en activité de service peuvent être admis à commissionner pour la première fois à toute époque de l'année précédant l'expiration de leur cinquième année de service. Dans ce cas, la commission compte de la date d'expiration de la cinquième année de service si le militaire est lié au service par un engagement de cinq ans ou par un rengagement portant la durée de ses services à cinq ans. S'il s'agit d'un militaire comptant plus de cinq ans de service, elle compte de la date d'expiration du rengagement en cours. Elle est valable jusqu'à quinze années de service.

Lorsque, exceptionnellement, le dossier de commission d'un militaire, qui n'a pas cessé de servir, n'a pu être adressé à l'intendant militaire que postérieurement à la date à laquelle ce militaire avait droit à sa libération, la commission est, néanmoins, souscrite pour compter de la date d'expiration du précédent contrat (1).

(1) Nouvelle rédaction.

Les militaires servant comme commissionnés jusqu'à quinze ans de service (1) peuvent recevoir au cours de l'année précédant l'expiration de leur commission une nouvelle commission valable jusqu'à vingt ans de service.

Cette commission peut être renouvelée, au cours de l'année précédant son expiration jusqu'à vingt-cinq ans de service.

Après vingt-cinq ans de service, la commission ne peut être renouvelée qu'en faveur des militaires compris dans les 2e et 3e catégories de l'article 2 ci-dessus et au titre de l'emploi qu'ils occupent. Elle est valable dans ce cas jusqu'à ce que les intéressés aient atteint l'âge de 50 ou de 60 ans, suivant le cas.

Commissionnement des maîtres-ouvriers nommés sous-officiers au cours d'un rengagement.

Article 4. Les maîtres ouvriers (tailleurs, cordonniers, bottiers, bourreliers, selliers), servant comme rengagés après cinq ans de service et qui sont nommés sous-officiers terminent leur contrat en cours. A l'expiration de ce contrat, ils ne peuvent continuer à servir que comme commissionnés dans les conditions prévues à l'article précédent.

Examen des demandes de commission avec changement de corps ou d'arme.

Article 5. Les militaires visés à l'article 1er ci-dessus en activité de service, ou libérés, réunissant les conditions requises ont la faculté de commissionner, soit au titre du corps dans lequel ils servent ou ont servi, soit au titre d'un autre corps de leur arme ou service, soit au titre d'un corps d'une autre arme ou d'un autre service.

Dans le cas où la commission est demandée pour un autre corps, une autre arme ou un autre service l'avis du *chef de corps* dans lequel le militaire sert ou a servi est obligatoire. Les gradés conservent leur grade. Toutefois, dans le cas où ils commissionnent dans une autre arme ou un autre service, que leur arme d'origine, ou dans le régiment de sapeurs-pompiers, s'ils n'y appartiennent déjà, ils peuvent n'être admis à commissionner que comme simples soldats. Cette mesure ne peut être appliquée aux gradés des armes ou services dont le corps ou la formation viendrait à être supprimé.

En cas de commission avec un grade inférieur, le militaire

(1) Les militaires ayant accompli quinze ans de service par rengagement ne peuvent être admis à commissionner. Toutefois, ceux qui sont candidats à un emploi réservé peuvent recevoir une commission spéciale de trois ans non renouvelable dans les conditions prévues par l'article 13 de la présente instruction.

sert avec son nouveau grade à partir de la signature de sa commission.

Les demandes formulées au titre d'un autre corps, d'une autre arme ou d'un autre service, par des maîtres ouvriers (tailleurs, cordonniers, bottiers, bourreliers, selliers) sont adressées, pour autorisation de commission, à l'Administration centrale (Direction intéressée), avant d'être examinées par le chef de corps au titre duquel la commission est sollicitée.

Changement de corps ou d'arme des militaires commissionnés.

Article 6. Le militaire commissionné peut, dans l'intérêt du service, être changé de corps d'office en temps de paix et de corps et d'arme en temps de guerre.

En temps de paix, il peut, toutefois, dans l'intérêt du service, être admis, sur sa demande, dans un corps d'une autre arme ou service. Dans ce cas, la demande, revêtue des avis hiérarchiques, est adressée au Ministre (Direction d'Arme), qui statue.

Commission des militaires libérés.

Article 7. Les militaires visés à l'article 1er ci-dessus du service armé ou du service auxiliaire, libérés après avoir accompli au moins cinq ans de service, peuvent être admis à commissionner avec le consentement du chef de corps dans lequel ils doivent servir et sous réserve qu'ils aient quitté les drapeaux depuis moins de cinq années et qu'ils aient moins de 40 ans d'âge (1).

Dans ce cas, la commission compte du jour où elle est souscrite.

Elle est valable :

a) Pour ceux qui ont accompli plus de cinq ans et moins de 15 ans de service : jusqu'à 15 ans de service;

b) Pour ceux ayant accompli comme commissionnés plus de quinze ans et moins de vingt ans de service : jusqu'à vingt ans de service;

c) Pour ceux (âgés de moins de 40 ans) ayant accompli comme commissionnés plus de vingt ans et moins de vingt-cinq ans de service : jusqu'à vingt-cinq ans de service.

Elle est renouvelable dans les conditions prévues à l'article 3 ci-dessus.

---

(1) La durée de l'interruption de service doit être décomptée du jour de la radiation des contrôles de l'activité au jour exclusivement de la remise de la demande de commission. Le candidat doit, en outre, être âgé de moins de 40 ans à cette même date.

Dans le cas d'un militaire libéré qui demande à commissionner comme maître ouvrier (tailleur, cordonnier, bottier, bourrelier, sellier), le dossier est adressé à l'administration centrale, comme il est indiqué au dernier alinéa de l'article 5 ci-dessus.

Signature de la commission.

Article 8. Muni de son dossier, constitué comme pour un rengagement, le candidat se présente devant un intendant militaire ou, à défaut, devant l'officier qui le supplée.

L'intendant militaire ou l'officier qui le supplée constate l'identité du candidat et lui fait déclarer :

1° La durée de sa commission;

2° Le corps dans lequel il doit servir;

3° S'il s'agit d'un militaire commissionnant après 25 ans de service, ou d'un maître ouvrier (2e et 3e catégories de l'article 2 ci-dessus), l'emploi qu'il doit occuper.

Cette déclaration est insérée dans la commission.

En cas de commission avec un grade inférieur, la commission doit mentionner : « Pour servir dans le (corps) en qualité de (grade) ».

Avant la signature de la commission, il est donné lecture au candidat :

1° Des articles 68 et 70 de la loi du 31 mars 1928 et, s'il s'agit d'une commission spéciale de trois ans, de l'article 11 de la loi du 18 juillet 1924;

2° De la commission.

Les pièces produites par le commissionné restent annexées à la minute de la commission.

La commission est conforme au modèle n° 1, joint à la présente instruction. Elle est établie en trois expéditions, la première est adressée, le jour même, au commandant du bureau de recrutement d'origine, la seconde est adressée au chef de corps ou, s'il s'agit d'un militaire libéré, remise à l'intéressé, la troisième constitue la minute conservée par l'autorité qui a reçu la commission.

Les commissions sont souscrites sur des imprimés conformes aux modèles annexés à la présente instruction. Elles sont provisoirement réunies dans un classeur mobile, par catégories de commissions, savoir :

a) Commissions ordinaires;

b) Commissions spéciales non renouvelables de trois ans.

La réunion de 250 commissions en un registre broché constitue le registre des commissions. La couverture comporte la mention suivante :

e RÉGION	ANNÉE
—	—
Sous-intendance de	Registre n°

Des commissions [(1)]
au titre des troupes métropolitaines, reçues pendant la période du
au

Démissions.

Article 9. En temps de paix, les militaires commissionnés ont le droit de donner leur démission, mais ils ne peuvent quitter le service qu'après avoir reçu notification de l'acceptation de cette démission.

L'acceptation de cette démission peut être différée pour le temps jugé nécessaire par le Ministre dans les corps ou unités appelés à faire mouvement pour une cause quelconque, ainsi que dans les corps en opérations ou chargés de missions spéciales.

En temps de guerre, les démissions ne sont pas acceptées.

Les demandes de démission revêtues des avis hiérarchiques sont transmises au Ministre (Direction d'arme) dans les conditions fixées par le décret du 17 juillet 1923 et par la circulaire n° 5024 1/11, du 27 mai 1927.

Mise à la retraite d'office, révocation, suspension, retrait de la commission.

Article 10. L'admission d'office à la retraite proportionnelle et la révocation des militaires commissionnés sont prononcées par le général commandant la région, après l'avis d'un conseil d'enquête.

L'avis du conseil d'enquête ne peut être modifié qu'en faveur du commissionné. Celui-ci, s'il a plus de dix ans de service, a droit d'en appeler au Ministre de la guerre (Direction d'arme) et l'appel est suspensif.

(1) Ordinaires ou spéciales non renouvelables de trois ans.

Les militaires commissionnés peuvent, en outre, être suspendus de leur emploi pendant un mois au moins et 6 mois au plus par le Ministre de la guerre d'après l'avis d'un conseil de discipline. L'avis du conseil de discipline ne peut être modifié qu'en faveur de l'intéressé.

Le militaire qui a encouru la suspension d'emploi continue à compter dans les cadres de son arme ou service. Le temps passé en suspension d'emploi compte comme service effectif pour le droit à pension, les retenues légales étant à la charge de l'Etat; par contre, il n'entre pas en compte pour la fixation de l'ancienneté de grade.

La commission peut être, en outre, retirée de plein droit lorsque, ayant été délivrée, en vertu d'un emploi ou d'un traité déterminé, cet emploi est supprimé, ou le traité résilié, ou qu'il vient à expiration. Dans ce cas, l'intéressé peut, néanmoins, demander, dans les conditions fixées à l'article 68 de la loi, le renouvellement de sa commission, jusqu'à vingt-cinq ans de service, si son aptitude physique lui permet de rentrer dans le service général ou d'occuper un autre emploi.

Retrait du titre de pension d'un militaire commissionné libéré admis à commissionner de nouveau.

Article 11. Les militaires qui obtiennent d'être commissionnés après avoir quitté les drapeaux ne peuvent réclamer la pension de retraite ou la pension proportionnelle qu'après avoir servi cinq ans en cette nouvelle qualité.

Les cinq années dont il s'agit ne sont pas exigées des militaires qui ont déjà obtenu une pension proportionnelle, et qui en sollicitent la revision, mais elles le sont de tous ceux qui prétendent à la retraite d'ancienneté.

Le militaire titulaire d'une pension proportionnelle qui obtient d'être commissionné doit présenter son titre de pension à l'intendant militaire qui reçoit la commission.

Ce fonctionnaire indique sur le titre, dans la case destinée à l'inscription du plus prochain payement des arrérages, que la pension du titulaire doit être suspendue à partir de la date qu'il a soin de spécifier comme étant celle de l'entrée en solde comme commissionné.

Il adresse, dans le moindre délai possible, directement au Ministre des finances (Direction de la Dette Inscrite) un bulletin contenant les renseignements ci-dessus en indiquant en outre les noms et prénoms du titulaire de la pension, la désignation de l'emploi qu'il occupe, la localité où il exerce son emploi, le montant et le numéro d'inscription de la pension au grand livre de la Dette publique.

Lorsque le commissionné quitte le service, le titre doit indiquer, de la même manière que ci-dessus, à partir de quelle époque il rentre en jouissance de sa pension. Un bulletin, dans ce cas, est établi et envoyé au Ministre des finances.

Dispositions de l'instruction sur les rengagements dans les troupes métropolitaines applicables aux militaires qui demandent à être commissionnés.

Article 12. Les dispositions prévues par les articles 3, 4, 8, 10, 11, 12, 13, 15, 17, 20, 21 et 28 de l'instruction du 28 juillet 1928 sur les rengagements dans les troupes métropolitaines sont applicables aux militaires en activité de service ou libérés, qui demandent à être commissionnés.

Toutefois, les militaires libérés ne peuvent être admis à signer leur commission que lorsque leur dossier est dûment complété par l'avis du chef de corps dans lequel ils ont servi en dernier lieu et par l'extrait du casier judiciaire, qui doivent être obligatoirement communiqués au chef du corps au titre duquel ils désirent être commissionnés.

CHAPITRE II.

COMMISSION SPÉCIALE, NON RENOUVELABLE, DE TROIS ANS.

Article 13. Tout militaire rengagé, du service armé ou du service auxiliaire, régulièrement candidat à un emploi réservé, ou classé pour un emploi, à l'expiration de ses quinze ans de service, peut recevoir, dans les formes ordinaires, une commission spéciale, non renouvelable, lui donnant droit de servir, en surnombre, au titre du service général, pendant trois ans, à dater de l'échéance de son contrat de rengagement.

Cette commission est conforme au modèle n° 2 annexé à la présente instruction.

Le recours hiérarchique au Ministre de la guerre contre toute décision portant refus de consentement par le chef de corps est ouvert à l'intéressé comme pour les commissions au titre de l'article 68 de la loi du 31 mars 1928.

Les militaires qui sont titulaires de cette commission spéciale servent en surnombre dans les cadres, tant au point de vue de l'effectif qu'au regard de l'article 73 de la loi du 31 mars 1928. Ils ne peuvent obtenir d'avancement de grade.

D'autre part, après leur libération, ils ont la possibilité de demander à commissionner dans les conditions prévues à l'article 68 de la loi de recrutement, s'ils réunissent encore les conditions d'âge et d'aptitude physique exigées à cet égard.

Les militaires commissionnés au titre de l'article 68 de la loi du 31 mars 1928, régulièrement candidats à un emploi réservé ou classés pour un emploi, restent libres à tout moment de renoncer à leur candidature ou à leur classement, sans perdre le bénéfice de leur commission.

Le militaire commissionné nommé à un emploi réservé est rayé des contrôles à dater du jour fixé, par l'autorité militaire, après entente avec l'administration compétente, pour son installation dans l'emploi.

DOCUMENTS ABROGÉS.

Toutes dispositions contraires à la présente instruction sont abrogées.

MODÈLES

° RÉGION.

—

PLACE d

N° du registre.

MODÈLE N° 1.

—

Article 8 de l'instruction du 15 octobre 1928.

COMMISSION

(En vertu de l'article 68 de la loi du 31 mars 1928.)

du nommé (1). . . . .

pour le (2). . . . .

L'an mil le à heures s'est présenté devant nous (3)

M. (1) , né le ,

à , canton de , département de , fils de et de , domiciliés à ,

canton de , département de ,

classe de recrutement de , n° m^le ,

du bureau de recrutement de , résidant

à , canton de ,

département de

cheveux :

yeux :

front

nez

visage :

renseignements physionomiques complémentaires :

taille :

taille rectifiée

marques particulières :

Lequel a déclaré vouloir commissionner jusqu'à (4) au titre du (2)

pour occuper l'emploi de (5) .

Et, à cet effet, nous a présenté :

1° Une autorisation délivrée par (6)

2° Un état signalétique constatant qu'il se trouve dans les conditions de service exigées par la loi du 31 mars 1928;

3° Un certificat délivré sous la date du

par (7) et constatant que

3° Un certificat délivré sous la date du
par (5) et constatant que
M. (6) est apte au service (7)
et qu'il réunit les conditions requises pour le (2)
dans lequel il demande à servir.

Nous (8) après avoir reconnu la régularité des pièces produites par M. (6), lui avons donné lecture des articles 68 et 70 de la loi du 31 mars 1928 et 11 de la loi du 18 juillet 1924.

Après quoi, nous avons commissionné M. (6), lequel a promis de servir avec honneur et fidélité pendant trois ans à compter du

Lecture faite à M. (6) du présent acte, il a signé avec nous.

Le Commissionné,

L'Intendant militaire
ou
L'Officier suppléant,

---

(1) Nom, prénoms, grade et corps du candidat.
(2) Indication du corps.
(3) Nom de l'intendant militaire ou de l'officier suppléant, en ajoutant la localité où il est en fonctions.
(4) Nom, grade et qualité de l'officier signataire de l'autorisation.
(5) Nom, grade et qualité de l'officier signataire du certificat.
(6) Nom et prénoms du candidat.
(7) Armé ou auxiliaire.
(8) Intendant militaire ou officier suppléant.

TABLEAU

indiquant les emplois dont les titulaires peuvent être maintenus en service jusqu'à l'âge de 50 ans.

1° *Caporaux-chefs, brigadiers-chefs, caporaux, brigadiers.*

a) Dans le service de l'intendance :

Caporaux-chefs ou caporaux commis aux écritures;

Caporaux-chefs ou caporaux ouvriers de toutes professions des sections de commis et ouvriers militaires d'administration.

b) Dans le service de santé :

Caporaux-chefs ou caporaux des sections d'infirmiers militaires.

2° *Soldats.*

a) Dans toutes les armes :

Ouvriers tailleurs, cordonniers, bottiers, bourreliers, selliers.

b) Dans le service de l'intendance :

Commis aux écritures et ouvriers de toutes professions des sections de commis et ouvriers militaires d'administration.

c) Dans le service de santé :

Infirmiers de visite et infirmiers ayant obtenu une médaille des épidémies ou un témoignage de satisfaction;

Infirmiers titulaires d'emplois spéciaux : masseurs, doucheurs, cuisiniers, manipulateurs, radiographes, chauffeurs, mécaniciens.

Décret relatif à l'exercice par les militaires commissionnés du droit de démission.

Paris, le 17 juillet 1923.

RAPPORT AU PRÉSIDENT DE LA RÉPUBLIQUE FRANÇAISE.

Monsieur le Président,

L'article 68 de la loi du 1er avril 1923 décide que l'acceptation de la démission offerte en temps de paix par un militaire commissionné peut être différée, et pour le temps jugé nécessaire, dans les unités appelées à faire mouvement, ainsi que dans les corps en opérations ou chargés de missions spéciales, dans les conditions à fixer par décret.

Il est évidemment impossible de prévoir par avance tous les cas d'espèce qui pourront se présenter; le décret à prendre en exécution des dispositions ci-dessous rappelées de la loi doit donc se borner à préciser les principes d'application de la mesure.

Ici, les intentions du législateur apparaissent suffisamment nettes. Le militaire commissionné ne peut abandonner son emploi sans en avoir sollicité et obtenu l'autorisation. Mais, d'autre part, on a entendu faire aux commissionnés une situation spéciale et leur accorder des garanties de carrière spéciales. Aussi la restriction apportée au droit qui leur est reconnu de donner leur démission doit-elle être considérée comme s'appliquant à des situations limitativement prévues et répondant aux cas où ladite démission aurait pour effet soit d'apporter une entrave à la bonne exécution du service, soit de désolidariser le gradé de la troupe à un moment où il apparaît comme du devoir du chef de demeurer à son poste.

C'est dans cet esprit qu'a été établi le projet de décret ci-joint que j'ai l'honneur de vous demander de vouloir bien, si vous en approuvez la teneur, revêtir de votre signature.

Veuillez agréer, Monsieur le Président, l'hommage de mon respectueux dévouement.

Décret.

Le Président de la République française,

Vu l'article 68 de la loi du 1er avril 1923 (1) et notamment l'antépénultième alinéa aux termes duquel « l'acceptation de la démission offerte par un militaire commissionné peut être différée, et pour le temps jugé nécessaire, par le Ministre, dans les corps ou unités appelés à faire mouvement pour une cause quelconque, ainsi que dans les corps en opérations ou chargés de missions spéciales, dans les conditions qui seront fixées par décret »;

Sur le rapport du Ministre de la guerre et des pensions,

Décrète :

Article 1er. Tout militaire commissionné désireux d'user du droit de démission que lui confère l'article 68 de la loi du 1er avril 1923 (1). en fait la demande au Ministre (Direction d'arme) par la voie hiérarchique.

Le chef de corps, en la transmettant, relate les circonstances de la demande.

Il expose en outre, le cas échéant, les motifs qui s'opposeraient à l'acceptation immédiate de la démission et précise, en ce cas, le temps pendant lequel il importerait que l'intéressé fût maintenu en service.

Les différentes autorités hiérarchiques intermédiaires en agissent de même.

Article 2. Les militaires commissionnés ayant plus de quinze ans de service et en situation de prétendre à une pension proportionnelle ou de retraite, qui désirent quitter le service avant le terme de leur commission, établissent une demande en vue d'être admis à faire valoir leurs droits à pension.

Ce n'est que dans le cas où le chef de corps estimerait qu'en raison de la situation il doit être sursis au départ de l'intéressé que le dossier serait transmis au Ministre dans les conditions fixées à l'article 1er ci-dessus.

Article 3. Lorsque les circonstances lui paraissent exiger que dans certains corps, fractions de corps ou unités, les démissions soient momentanément ajournées, le Ministre, en notifiant sa

---

(1) Remplacé par l'article 68 de la loi du 31 mars 1928.

décision à cet égard, fixe le délai de temps au bout duquel les demandes des intéressés pourront lui être utilement transmises.

Article 4. Le Ministre de la guerre et des pensions est chargé de l'exécution du présent décret, qui sera publié au *Journal officiel* de la République française.

Circulaire relative à la démission des militaires commissionnés.

N° 5624 1/11. Paris, le 27 mai 1927.

Il a été constaté que les prescriptions du décret du 17 juillet 1923, relatif à l'exercice par les militaires commissionnés, du droit de démission, donnent lieu à de sensibles divergences d'interprétations, notamment lorsqu'il s'agit de militaires ayant acquis des droits à pension proportionnelle ou d'ancienneté.

Il est rappelé que tout militaire commissionné désireux de quitter le service avant le terme de sa commission, qu'il soit ou non en situation de prétendre à pension, doit, aux termes de l'article 68 (avant dernier alinéa) de la loi du 1er avril 1923 (1), donner sa démission. Il établit à cet effet, en temps utile, une demande adressée au Ministre (Direction d'arme), dans les conditions indiquées à l'article 1er du décret du 17 juillet 1923 et tendant à l'acceptation de sa démission et à sa radiation des contrôles à la date qu'il choisit.

Dès réception de cette demande, le Ministre notifie sa décision et fixe la date de radiation; le cas échéant, il ajourne momentanément la démission.

En aucun cas, un militaire commissionné ne peut quitter le service avant le terme de sa commission, sans avoir reçu du Ministre notification de l'acceptation de sa démission.

Le dossier de pension des militaires commissionnés, démissionnaires après quinze ans de service, est établi conformément à la réglementation en vigueur sur les pensions. Il est rappelé, à cet égard, que les militaires commissionnés après une interruption de service ne peuvent, en vertu de l'article 78 de la loi du 1er avril 1923 (3e alinéa) (2), réclamer la pension

---

(1) Remplacé par l'article 68 de la loi du 31 mars 1928.
(2) Remplacé par l'article 78 de la loi du 31 mars 1928.

de retraite ou la pension proportionnelle qu'après avoir servi cinq ans en cette nouvelle qualité.

Dans le cas ou le chef de corps est d'avis d'effectuer la radiation des contrôles à la date, demandée par l'intéressé, le dossier de pension peut être joint à l'offre de démission; les différentes pièces sont arrêtées à cette date.

Dans le cas où le chef de corps estime, au contraire, qu'il doit être sursis au départ de l'intéressé, le dossier n'est arrêté et transmis que lorsque la date de radiation des contrôles a été notifiée par le Ministre.

Les présentes dispositions ne concernent pas les militaires commissionnés, rayés des contrôles à la suite de leur installation dans un emploi civil.

TABLE DES MATIÈRES DE LA TROISIÈME PARTIE

COMMISSIONS

Instruction du 15 octobre 1928 relative aux commissions dans les troupes métropolitaines.

CHAPITRE Ier.

COMMISSIONS AU TITRE DE L'ARTICLE 68 DE LA LOI DU 31 MARS 1928.

CHAPITRE II.

COMMISSION SPÉCIALE, NON RENOUVELABLE, DE TROIS ANS.

QUATRIÈME PARTIE

Engagements, rengagements et commissions dans l'aéronautique militaire.

(Ministère de l'Air; Direction de l'Aéronautique militaire.)

Instruction relative aux engagements, rengagements et commissions dans l'aéronautique militaire (1).

N° 5230 4 0/12. Paris, le 9 août 1928.

I. — Engagements.

A. — *Dispositions générales.*

Les engagements au titre des corps de troupe de l'aéronautique sont soumis aux règles communes à tous les engagements dans les troupes métropolitaines. Toutefois, l'engagement ne peut être souscrit pour un corps *d'aviation* (2) que si les candidats ont, au préalable, obtenu l'autorisation du commandant de la formation *d'aviation* dans laquelle ils désirent servir.

Cette réserve a pour but de permettre au commandant de la formation de s'assurer, particulièrement en ce qui concerne les emplois spéciaux, que les intéressés possèdent les aptitudes voulues et d'imposer, le cas échéant, un examen professionnel préalable.

B. — *Conditions pour l'admission des engagés dans le personnel navigant (aviation).*

Les engagements en vue de servir dans le personnel navigant (aviation) (3) sont admis :

---

(1) Les demandes de renseignements relatives à cette instruction doivent être adressées au ministère de l'air (Direction de l'Aéronautique militaire).

(2) Régiments et groupes d'aviation formant corps; groupes d'ouvriers d'aéronautique; compagnies d'ouvriers d'aéronautique formant corps.

(3) Toutefois, ces engagements ne comportent pas l'obligation de main-

1° Pour les jeunes gens titulaires du brevet militaire de pilote d'avion obtenu à la suite d'une bourse de pilotage (1) (engagement spécial par devancement d'appel par application de l'article 63 de la loi du 31 mars 1928 relative au recrutement de l'armée).

Ces engagements sont contractés au titre du 2e groupe d'ouvriers d'aéronautique (école pratique d'aviation d'Istres).

2° Pour les jeunes gens contractant au titre du 2e groupe d'ouvriers d'aéronautique (école pratique d'aviation d'Istres), un engagement de quatre ans minimum, en qualité d'élève pilote.

Ces engagements (2) ne peuvent être souscrits que dans la limite du nombre et dans les conditions fixées chaque année par une circulaire ministérielle.

3° Pour les jeunes gens contractant au titre d'un corps de leur choix un engagement de trois ans minimum, en qualité d'élève mitrailleur ou d'élève radiotélégraphiste en avion.

Ces engagements ne peuvent être contractés qu'au titre d'un corps dont les tableaux d'effectifs admettent l'emploi de la spécialité et dans la limite des besoins du corps dans cette spécialité.

Les candidats à l'engagement en vue d'être admis dans le personnel navigant de l'aviation doivent (3) :

1° Justifier d'une instruction générale suffisante (4).

La constatation de cette instruction est faite par le commandant de la formation d'aviation dont le candidat sollicite l'autorisation d'engagement, dans tous les cas où cette manière de faire n'impose pas de déplacement au candidat ou s'il consent à

---

tenir l'intéressé dans l'emploi pour lequel il a mentionné l'intention de s'engager. Le maintien dans cet emploi est subordonné à la persistance de l'aptitude de l'intéressé et à sa manière de servir. L'engagé reste bien entendu toujours soumis aux obligations générales qui résultent d'un contrat ordinaire d'engagement.

(1) Exception faite pour les militaires titulaires du brevet de préparation militaire supérieure qui ont bénéficié à ce titre d'une bourse de pilotage et sont incorporés avec les militaires de leur catégorie, pour être instruits ultérieurement à l'Ecole pratique d'aviation d'Avord.

(2) En nombre restreint.

(3) A l'exception des boursiers de pilotage pour lesquels la constatation de l'instruction générale et de l'aptitude physique spéciale a déjà été faite.

(4) Ces connaissances ne sauraient de toute façon être inférieures à la constatation au moment de la demande de celles qui sont exigées pour le certificat d'études primaires.

supporter tous les frais de ce déplacement; dans les autres cas, elle est faite par le commandant du bureau de recrutement.

2° Satisfaire à l'examen médical physique spécial d'aptitude au personnel navigant.

A cet effet, si l'intéressé satisfait par ailleurs aux conditions rappelées ci-dessus (paragraphe A), le commandant du bureau de recrutement, après que le corps a fait parvenir son consentement, adresse une demande d'examen au médecin-chef du centre d'examen médical de l'aéronautique militaire le plus voisin; ce médecin-chef avise sans délai le commandant du bureau de recrutement, dans la forme prescrite par l'instruction du 6 mars 1922, pour l'application de l'arrêté de même date (*Bulletin officiel*, page 879), des date et heure auxquelles l'examen aura lieu.

Cette date doit être postérieure de dix jours environ à celle à laquelle elle est portée à la connaissance du commandant du bureau de recrutement. Ce dernier remet au candidat la feuille d'avis qui lui permettra de se présenter en temps voulu au centre d'examen.

La conclusion de l'examen est communiquée au commandant du bureau de recrutement qui a demandé l'examen, au moyen du certificat d'aptitude ou du compte rendu d'inaptitude prévu par l'instruction du 6 mars 1922 susvisée.

Le dossier d'engagement étant ainsi complété, le candidat est invité à signer son contrat d'engagement.

Les cas ci-dessus visent l'admission directe, dans le personnel navigant de l'aviation, d'un engagé volontaire.

Indépendamment de ces cas, un engagé à un titre quelconque dans l'aviation peut, éventuellement, devenir candidat à l'admission dans le personnel navigant (comme élève-pilote, élève-mitrailleur ou élève-radiotélégraphiste en avion) postérieurement à son incorporation.

Les jeunes gens dont l'engagement ne serait accepté qu'au titre du service général, mais qui désireraient néanmoins savoir s'ils possèdent l'aptitude physique leur permettant d'escompter, ultérieurement, leur admission dans le personnel navigant de l'aviation, pourront être autorisés (par le commandant de la formation d'aviation qui délivre le consentement d'engagement) à subir l'examen médical spécial d'aptitude au personnel navigant.

La constatation de cette aptitude est effectuée ainsi qu'il est indiqué ci-dessus pour les engagements en vue d'être admis directement dans le personnel navigant. Mais il doit être bien entendu qu'en aucun cas les intéressés ne pourront jamais se prévaloir du résultat de l'examen médical spécial pour exiger leur admission dans le personnel navigant; la possibilité qui leur est donnée de subir cet examen a uniquement pour but de les renseigner sur l'éventualité de cette admission au seul point de vue de l'aptitude physique.

Le cas échéant, le certificat d'aptitude au personnel navigant susvisé sera joint au livret matricule et servira, éventuellement, à l'admission dans le personnel navigant sans nouvel examen, s'il n'a pas dépassé la durée de validité fixée.

Il est bien entendu que si l'examen médical spécial conclut à l'inaptitude à servir dans le personnel navigant, les intéressés peuvent néanmoins contracter un engagement au titre d'un corps de troupe d'aéronautique s'ils remplissent, par ailleurs, les conditions indiquées dans le paragraphe A ci-dessus.

C. — Admission des engagés à des cours spéciaux d'élèves mécaniciens candidats au brevet supérieur de mécanicien d'aéronautique.

(Application des dispositions de l'article 12 de la loi du 30 mars 1928 relative au statut du personnel navigant de l'aéronautique.)

Les candidats à l'engagement en vue d'être admis à suivre des cours spéciaux d'élèves-mécaniciens préparant au brevet supérieur de mécanicien d'aéronautique doivent, avant d'obtenir l'autorisation d'engagement délivrée dans ce but, justifier :

1° D'une instruction générale suffisante (1).

La constatation de cette instruction, si l'intéressé ne présente pas de diplôme probant, est faite par le commandant de la formation intéressée dans tous les cas où cette manière de faire n'impose pas de déplacement au candidat ou s'il consent à supporter tous les frais de ce déplacement; dans les autres cas, elle est faite par le commandant du bureau de recrutement.

2° Facultativement, de connaissances professionnelles, résultant soit de diplômes, soit d'un essai subi au parc ou à l'établissement d'aéronautique le plus voisin de leur résidence.

Compte tenu de ces références et dans la limite des emplois prévus disponibles de mécaniciens titulaires du brevet supérieur de mécanicien d'aéronautique, les commandants de for-

---

(1) Ces connaissances ne sauraient, de toute façon, être inférieures à la constatation au moment de la demande de celles qui sont exigées pour le certificat d'études primaires.

mation autorisent l'engagement des candidats au titre d'élève-mécanicien (1).

Les jeunes gens dont l'engagement ne serait accepté qu'au titre du service général peuvent, ultérieurement, être désignés comme élèves d'un cours préparant au brevet supérieur de mécanicien d'aéronautique, mais cette désignation est subordonnée à la prévision dans leur corps de places disponibles de mécaniciens titulaires de ce brevet, compte tenu de la sélection à faire parmi les candidats.

II. — Rengagements.

Les rengagements au titre des corps de troupe de l'aéronautique sont reçus dans les conditions communes à tous les rengagements dans les troupes métropolitaines, sous réserve des dispositions particulières suivantes :

A. — *Militaires en activité.*

1° Candidats à l'admission dans le personnel navigant de l'aviation.

Aucun rengagement ne peut être reçu au titre d'élève-pilote, si le candidat n'est déjà par ailleurs régulièrement désigné pour cet emploi.

Les candidats élèves-mitrailleurs ou élèves-radiotélégraphistes en avion (2) doivent :

a) Justifier d'une instruction générale suffisante (3) et ne pas être âgés de plus de 26 ans.

La constatation en est faite par le chef du corps au titre duquel le rengagement est demandé.

---

(1) Toutefois, ces engagements ne comportent pas l'obligation de maintenir l'intéressé dans l'emploi pour lequel il a mentionné l'intention de s'engager. Le maintien dans cet emploi est subordonné à la persistance de l'aptitude de l'intéressé et à sa manière de servir L'engagé reste, bien entendu, toujours soumis aux obligations générales qui résultent d'un contrat ordinaire d'engagement.

(2) Il doit être bien entendu que les contrats de rengagement ne sont pas souscrits avec l'obligation d'affecter l'intéressé à un emploi pour lequel il a mentionné l'intention de rengager. Cet emploi est subordonné à la persistance de l'aptitude de l'intéressé et à sa manière de servir. Le rengagé reste toujours soumis aux obligations générales qui résultent d'un contrat ordinaire de rengagement.

(3) Ces connaissances ne sauraient, de toute façon, être inférieures à la constatation, au moment de la demande, de celles qui sont exigées pour le certificat d'études primaires.

b) Satisfaire à l'examen médical spécial d'aptitude au personnel navigant.

La présentation du candidat à l'examen médical spécial a lieu dans les conditions fixées par l'instruction du 6 mars 1922 pour l'application de l'arrêté de même date.

Les demandes de rengagement dans le personnel navigant sont satisfaites en fonction des vacances existant dans les emplois de ce personnel attribués aux militaires servant au delà de la durée légale et sous réserve que les candidats remplissent par ailleurs les conditions exigées par la loi de recrutement pour l'admission au rengagement.

Nota. — Pour les candidats reconnus aptes à servir dans le personnel navigant, l'entrée dans ce personnel ne deviendra effective que s'ils signent le contrat de la durée prévue; elle datera du jour où ils auront été admis à commencer leur entraînement aérien.

Si l'examen médical spécial conclut à l'inaptitude à servir dans le personnel navigant, les intéressés peuvent néanmoins demander l'autorisation de contracter, dans les conditions ordinaires, un rengagement au titre d'un corps d'aéronautique (personnel non navigant).

2° Candidats à un emploi du personnel non navigant spécialiste.

Les candidats non sous-officiers qui ne sont pas titulaires du brevet supérieur de mécanicien d'aéronautique, pour les emplois comportant normalement ce brevet peuvent être admis comme élèves-mécaniciens, dans la limite des vacances prévues des emplois ci-dessus mentionnés.

Les sous-officiers *non titulaires du brevet supérieur de mécanicien d'aéronautique* ne sont pas admis à rengager au titre des emplois qui doivent être normalement tenus par des brevetés. Toutefois, il pourra être dérogé exceptionnellement à cette règle, à la diligence du chef de corps, mais uniquement en faveur des sous-officiers occupant exceptionnellement déjà dans l'arme cet emploi.

B. — *Militaires libérés.*

1° Candidats au personnel navigant de l'aviation (pilote).

Les militaires libérés appartenant comme pilotes au personnel navigant de l'aviation militaire peuvent être admis à rengager, dans la limite des vacances de militaires liés par contrat au delà de la durée légale de cet emploi, au corps demandé.

Les militaires libérés, *non titulaires du brevet de pilote*, ne sont pas admis à rengager au titre du personnel navigant (élèves pilotes).

2° Candidats au personnel navigant de l'aviation (mitrailleurs ou radiotélégraphistes en avion).

Les militaires libérés, *possédant ou non le brevet de l'emploi demandé*, peuvent être admis à rengager dans la limite des vacances de mitrailleurs ou radiotélégraphistes en avion liés au service au delà de la durée légale dans le corps demandé.

Ces rengagements sont soumis aux dispositions particulières prévues ci-dessus (paragraphe A. Rengagements) pour les militaires en activité candidats à l'admission dans le personnel navigant.

3° Candidats à un emploi du personnel non navigant (spécialiste).

Les candidats qui ne sont pas titulaires du brevet supérieur de mécanicien d'aéronautique pour les emplois comportant normalement ce brevet peuvent être admis comme élèves mécaniciens dans la limite des vacances prévues des emplois ci-dessus mentionnés. Toutefois, ces rengagements ne peuvent être admis *au maximum que comme caporal.*

Les sous-officiers libérés *non titulaires du brevet supérieur de mécanicien d'aéronautique* ne sont pas admis à rengager au titre des emplois qui doivent être normalement tenus par des brevetés.

C. — *Dispositions complémentaires.*

L'attention des commandants de formations d'aéronautique est attirée sur les dispositions importantes ci-après :

a) *Rengagements de gradés provenant d'autres armes.* — Les dispositions de l'article 70 de la loi du 31 mars 1928 sur le recrutement de l'armée seront appliquées comme suit, dans la limite, bien entendu, des vacances de militaires autorisés à servir au delà de la durée légale dans l'emploi demandé, et s'ils remplissent par ailleurs les conditions exigées pour les militaires de l'arme.

Pourront être admis à rengager :

Au maximum comme sergent, les candidats aux emplois du personnel non navigant non spécialiste et des emplois du personnel non navigant spécialiste ne comportant pas la possession du brevet supérieur de mécanicien d'aéronautique.

Les candidats à un emploi comportant normalement la possession du brevet supérieur de mécanicien d'aéronautique peuvent être rengagés comme élèves mécaniciens, dans la limite des vacances prévues de ces emplois. Toutefois, un tel rengagement ne peut être admis *au maximum que comme caporal.*

En ce qui concerne le personnel navigant, les gradés d'autres armes demandant à rengager, soit comme élèves mitrailleurs, soit comme élèves radiotélégraphistes en avion, peuvent être acceptés *au maximum comme sergent* et sous réserve qu'ils n'auront pas dépassé l'âge de 26 ans.

b) Instruction des dossiers de rengagements. — Il est rappelé que les demandes doivent être examinées suivant les prescriptions de l'instruction du 28 juillet 1928.

L'article 29 de cette instruction précise en particulier les attributions du chef de corps dans le conseil de régiment.

c) Il est précisé que les dossiers complets (comprenant en particulier l'avis du chef de corps demandé pour les candidats aux emplois spéciaux, et, le cas échéant, l'avis du chef de l'ancien corps) ne sont plus à transmettre au Ministre pour les sous-officiers libérés ou provenant d'autres armes, mais à adresser directement au corps intéressé.

III. — Commissions.

Les commissions au titre des corps de troupe de l'aéronautique sont délivrées aux maîtres ouvriers (tailleurs et cordonniers), aux caporaux-chefs, caporaux et soldats, dans les mêmes conditions que pour les corps de troupe de toutes armes.

Seuls, peuvent recevoir une commission pour servir dans le personnel navigant de l'aviation les hommes de troupe faisant déjà partie de ce personnel. Après quinze ans de service, cette commission n'est renouvelée, avec maintien dans le personnel navigant, que si l'intéressé :

1° Justifie de la pratique régulière du service aérien (exécution pendant chacune des trois dernières années de service, décomptées du 1er juillet au 30 juin, d'un nombre d'heures de vol au moins égal à cinquante heures pour les pilotes, trente heures pour les mitrailleurs ou radiotélégraphistes en avion);

2° Possède encore l'aptitude physique intégrale pour la fonction occupée; la persistance de cette aptitude est constatée par un examen médical de contrôle, auquel le candidat est obligatoirement présenté par son chef de corps, dans les conditions fixées par le paragraphe D) de l'instruction du 6 mars 1922 (*Bulletin officiel*, page 879).

IV. — Remboursement des frais de déplacement.

Les frais de déplacement occasionnés aux jeunes gens candidats à un engagement dans le personnel navigant de l'aviation et aux militaires libérés, candidats à un rengagement dans ce personnel par *leur présentation au centre d'examen médical de l'aéronautique qui leur sera désigné*, leur seront remboursés dans les conditions suivantes, sauf à ceux qui, reconnus aptes à servir dans le personnel navigant, ne signeront pas le contrat prévu :

1° Indemnités kilométriques en chemin de fer ou en tramways (au plein tarif), ou en voitures publiques (tarif du règlement du 12 juin 1908, modifié le 27 mai 1926), suivant le cas, pour l'aller et le retour. Le cas échéant : prix d'un billet d'aller et retour en chemin de fer et sur les lignes de tramways et les services de voitures publiques qui délivrent des billets de cette nature; prix de deux billets simples dans les autres cas.

2° Indemnités partielles journalières, suivant le cas, dans les conditions et sur la base des taux fixés pour les soldats par le décret du 12 juin 1908, modifié par le décret du 27 mai 1926 et le tableau A y annexé, si la durée totale du déplacement est supérieure à six heures.

Les droits à ces frais de déplacements sont constatés par les mentions des dates et heures auxquelles l'intéressé s'est présenté au centre d'examen médical à son arrivée et auxquelles l'examen médical spécial a été terminé, portées par le médecin-chef du centre d'examen médical sur la feuille d'avis avec laquelle le candidat s'est présenté à ce centre; ces mentions servent à définir la durée du séjour.

Les frais de déplacement ainsi déterminés sont payés :

a) Aux candidats reconnus aptes à servir dans le personnel navigant : à leur arrivée au corps, après signature de l'engagement ou du rengagement de la durée prévue par la présente instruction (paragraphes I-B-2° ci-dessus et V-2° ci-après);

b) Aux candidats reconnus inaptes au personnel navigant sur mandat délivré par un sous-intendant militaire.

Les dépenses correspondant à ces frais de déplacement sont imputées sur les crédits relatifs aux « Frais de déplacement spéciaux à l'aéronautique militaire ».

V. — Dispositions diverses.

1° Seuls, les jeunes gens qui contractent un engagement d'au moins quatre ans, au titre d'un corps de troupe d'aviation, ont la possibilité d'être admis à suivre les cours spéciaux d'élèves mécaniciens, dans les conditions fixées au paragraphe I-C ci-dessus.

2° Les militaires ne faisant pas partie du personnel navigant de l'aéronautique (en activité ou libérés) ne peuvent y être admis que s'ils contractent un *rengagement d'au moins deux ans* ou s'ils sont liés au service pour cette durée minima.

3° Pour éviter tout retard dans la solution des demandes d'engagement et de rengagement et tout malentendu, les candidats devront, le cas échéant, spécifier dans leur demande d'engagement ou de rengagement s'ils désirent être : soit admis dans le personnel navigant comme élèves pilotes ou comme élèves mitrailleurs ou radiotélégraphistes en avion, soit suivre les cours spéciaux d'élèves mécaniciens d'aviation.

Les autres demandes d'engagement, de rengagement ou de commission, ne nécessitant aucune formalité spéciale, seront instruites conformément aux dispositions du paragraphe I-A ci-dessus, en ce qui concerne les engagements, et aux dispositions communes à tous les rengagements.

VI. — Nota important.

Les instructions du 20 juin 1928 sur les engagements et du 28 juillet 1928 sur les rengagements ont étendu aux commandants de formations certaines attributions des commandants de recrutement, en ce qui concerne l'établissement des dossiers d'engagement ou de rengagement.

La présente instruction a été rédigée dans l'hypothèse où ces dossiers étaient établis par le commandant de recrutement.

Toutefois, par application des dispositions des instructions précitées, il sera loisible à l'intéressé d'adresser directement sa demande au commandant de la formation d'aviation choisie, mais seulement lorsque cette formation sera plus proche que le bureau de recrutement susdésigné.

Dans ce cas, c'est au commandant de la formation intéressée que reviennent les attributions fixées par la présente instruction au commandant de recrutement.

VII. — Dispositions abrogées.

La présente instruction abroge l'instruction du 20 mai 1922 (*Bulletin officiel*, page 1639), modifiée les 25 juin 1923 (*Bulletin officiel*, page 1731) et 27 janvier 1928 (*Bulletin officiel*, page 517), relative aux engagements, rengagements et commissions dans l'aéronautique militaire.

TABLE MÉTHODIQUE

PREMIÈRE PARTIE.

ENGAGEMENTS VOLONTAIRES.

DEUXIÈME PARTIE.

RENGAGEMENTS.

TROISIEME PARTIE.

COMMISSIONS.

QUATRIEME PARTIE.

TABLE CHRONOLOGIQUE

TABLE ALPHABÉTIQUE

A

B

C

N° 120. — CHARLES-LAVAUZELLE ET Cie. — PARIS, LIMOGES, NANCY. — 1929

Imprimerie militaire
CHARLES-LAVAUZELLE & Cie
PARIS, LIMOGES, NANCY

www.ingramcontent.com/pod-product-compliance
Ingram Content Group UK Ltd.
Pitfield, Milton Keynes, MK11 3LW, UK
UKHW020955230726
13923UKWH00007B/398

9 782329 037905